安井眞奈美［編］

グリーフケアを身近に

大切な子どもを失った哀しみを抱いて

JN147443

勉誠出版

はじめに――哀しみの淵にいる人へかける言葉

大学に勤務していた頃、家族を亡くされた学生さんに、いったいどのような言葉をかければよいのか戸惑うことがありました。日本語には「ご愁傷様」という、身内を失った人に対するお悔やみの言葉があります。『日本国語大辞典』によると、「人に死なれて嘆き悲しむさま。また、その嘆き悲しみ」と説明されています。近年、よく使われるようになった「グリーフケア（grief care）」は、日本語に翻訳されずにそのまま用いられていますが、哀しみや悲嘆を表す「グリーフ」は、日本語の「愁傷」に近い言葉と言えるかもしれません。

しかし、だからといって家族を亡くされた学生さんに、「ご愁傷様」と決まり文句を言っても、気持ちは伝わるのだろうかと、疑わしく思うようになりました。「心よりお悔やみ申し上げます」と言い換えても、ただ形式的に言葉を発しているだけではないかと思い始めたのです。

また、さまざまな場所で話を伺う中で、「赤ちゃんが死産だったんです……」と、打ち明けてくれる女性もいました。そのときは、話を聴くだけで精いっぱいでしたが、他にも何かできることがあったのではないかと悩むこともありました。さらに、いくらなんでも「ご愁傷様」と言うのはおかしいだろう、だとすればいったいなんと言えばよかったのだろうと途方に暮れました。

近年、さまざまな場でグリーフケアの重要性が指摘されています。グリーフケアとは、大切な人を失った哀しみを抱いている人が、少しでも穏やかな心もちで生きていけるよう、その人に寄り添い、力になれるようにすることです。わたしは、グリーフケアをもっと身近なものとして考えてみたいと、切実に思うようになりました。

そのような折、二〇一二年一〇月に、グアム島で開催されたある会議で、オーストラリア在住のヘレン・ブラウンさんに出会いました。彼女の半生を綴ったノンフィクション『クレオ（Cleo）』は、一七ヶ国語に翻訳されたベストセラーです。ヘレンさんと旧知の仲というグアム大学のレベッカ・ステファンソン教授から、英語版『クレオ』を渡されたわたしは、あっという間に物語に引き込まれていきました。

クレオは、九歳の息子を交通事故で亡くした後、ヘレンさんが飼い始めた猫の名前です。『クレオ』は、愛する息子を失った悲哀が、愛猫・クレオと過ごすことによって、時間をかけて癒されていく家族の物語です。絶望のどん底にいながら、少しずつ前に進んでいく主人公の強さと優しさが描かれています。

グアム島での会議の開催中、ステファンソン教授の紹介で、ヘレンさんと話をしたり、一緒に食事をしたりする機会に恵まれました。ヘレンさんの、人の話をゆっくりと聴いてくれる穏やかな雰囲気に、わたし自身もまた、和《なご》やかな気持ちになることができました。深い哀しみとともに生きてきた彼女の、内から湧き出てくる優しさに触れたように感じました。もちろん『クレオ』が示すとおり、そのような境地に至るには長い年月がかかり、また猫のクレオは、予想を遥かに超えて大きな役割を果たしています。

日本に戻ってから、『クレオ』を日本語で出版できないだろうかと、可能性を探り始めました。幸運なことに出版社が見つかり、翻訳も始まりました。そして二〇一六年九月に、日本語版『クレオ――小さな猫と家族の愛の物語』が出版され（服部京子訳　エイアンドエフ）、それにあわせて、ヘレンさんを日本にお招きしました。絶望の淵から少しずつ前に進んできたヘレンさんご自身に、直接、お話をしていただきたいと思ったからです。まだグリーフケアの重要性に気づかれていなかった一九八〇年代初頭に、自ら模索しながら道筋をつけていった彼女の物語を、一人でも多くの方がたと一緒に聴いてみたいと思ったからです。

『クレオ』には、同じ哀しみを抱えている数多くの方がたに、ゆっくりと温かく響く何かがあります。それゆえ、悲哀の中にいる人びとに、自分自身の物語を紡いでいくきっかけが生まれるのではないか、そして物語を紡ぐこと自体が、哀しみを癒す重要な一歩になるかもしれない、と考えました。これが、グリーフケアに関するシンポジウムを開催しようと思い立った経緯です。

企画を進める中で、初来日のヘレンさんから、自らの物語りをしていただくにあたり、二〇一一年三月一一日に起こった東日本大震災を抜きにして考えることはできないだろうと思いました。当時、震災からまだ五年しか経っておらず、仮設住宅に住む方がたも依然として数多くいらっしゃいました。何よりも、震災で家族や親しい人を失い、絶望を抱えたまま、孤独に過ごしている方がたがいらっしゃったにちがいありません。

現実を前にして、このようなシンポジウムを東北で開催し、他人の心の中に土足で踏み込むようなことになりはしないかという大きな不安がつきまといました。しかし、たった一人で絶望の淵にいるかもしれない方に、ヘレンさんのお話を伝えたい、と強く思うようになりました。

シンポジウムを開催するにあたって、『クレオ』から着想を得た「子どもの死」を、これまでの生命観、死生観の変化の中に位置づけ、その現状に迫ってみたいと考えました。また「子どもの死」と一言でいっても、近年では、流産や死産で亡くなった胎児の死も含まれます。その背景には、生殖医療技術の進展と、現代社会における出産に対する意識の変化などが関わっていると言えるでしょう。

こうして開催することになった連続シンポジウム「大切な人を失った哀しみを抱いて――グリーフケアの可能性」が、本書の基になっています。第一回シンポジウムは、二〇一六年九月一九日に、「子どもの死を考える」というテーマで、東北大学宗教学研究室および文学研究科のご協力を得て、東北大学片平さくらホールにて開催いたしました。続く第二回シンポジウムは九月二二日に、東京神田の東京天理ビル九階ホールにて、上智大学グリーフケア研究所所長の島薗進さんにもお越しいただき、「グリーフケアを身近に」と題して行いました。第三回シンポジウムは九月二四日に、天理大学文学部考古学・民俗学研究室の協力のもと、「出産の場におけるグリーフケアの可能性」というテーマで、天理大学杣之内《そまのうち》キャンパスにて開催いたしました。

『クレオ』の著者であるヘレン・ブラウンさんが、子どもの死を経験し、深い哀しみを抱きながら歩んでこられた、その確固たる拠りどころはなんであったのか。それをきっかけにして、本書ではさまざまな分野の研究者、グリーフケアの専門家、医療従事者、そして子どもの死や流産、死産を経験された方がたと、哀しみとともに生きる術《すべ》を探っています。もちろんこの模索はこれからも続きます。その途中経過を、ぜひ読者のみなさんにお伝えしたいと思います。

本書によって、哀しみの中にいる方がたが、少しでも希望を見い出せることを祈念しております。

二〇一七年十二月

安井　眞奈美

目　次

目次

第2章　子どもの死に向き合う

第3章　出産の場におけるグリーフケア

目　次

子どもの死、胎児の死へのグリーフケアを考える

安井眞奈美

さまざまな立場の人が関わるグリーフケアへ

『クレオ――小さな猫と家族の愛の物語』には、息子を亡くした絶望に向き合いながらも、愛猫・クレオに助けられ、少しずつ前に進んでいくヘレン・ブラウンさんの半生が詳細に綴られています。ヘレンさんを交えたシンポジウムを開催し、本書を刊行するに至った経緯を、まずは編者の立場から簡単に紹介します。

本書は、大切な人を失った人びとの哀しみに、わたしたちはどのように寄り添えばよいのか、また自分自身が大切な人を失ったとき、どのように向き合うのか、その具体的な糸口を示そうとしたものです。宗教学や文化人類学、民俗学などの研究者、産科医療の現場にいる医療従事者、そして哀しみを抱えた人びとに寄り添う活動をされている方がたなど、幅広い分野のみなさんが参加しています。誰かの哀しみに寄り添う「グリーフケア」を、専門家だけが関わるものではなく、わたしたちが身近に実践できる方法として捉えたいと考えたからです。

「ケア」という言葉からは、どうしても「ケアする側」と「ケアされる側」、「依存される側」と「依存する側」といった固定した関係を考えがちです。また「ケア」を無条件に「よいもの」として捉えてしまうこともあります。しかしここでは、上野千鶴子が『ケアの社会学――当事者主権の福祉社会へ』（太田出版、二〇一一年）で指摘した、「ケアとはケアの受け手と与え手のあいだの相互行為である」（七〇頁）という点を重視したいと思います。

「はじめに」でも述べたとおり、「グリーフケア」という言葉は、日本語に翻訳されずにそのまま用いられています。宗教学者の島薗進さんが指摘するように、「グリーフケア」は大切な人を失った哀しみ（グリーフ）に対するケアとして、日本では二〇〇五年四月二五日に起きたJR福知山線脱線事故をきっかけに注目され、二〇一一年の東日本大震災を機に大きく展開していきます（第1章「グリーフケアの歴史と日本での展開」）。

では、日本に「グリーフケア」にあたる行為がなかったのかといえば、けっしてそうではありません。民俗学、文化人類学の立場からすると、葬式に参列したり、死者について身近な人びとと語ったりすることが哀しみを癒す機会であり、またそのような機会はそれぞれの文化の中できちんと創り上げられていたといえます。その点について、文化人類学者の松岡悦子さんが「グリーフケアとしての通過儀礼」（第2章コラム）にて丁寧に解説しています。松岡さんは、日本人の伝統的な霊魂観や儀礼など、民俗社会がもっていた「集合的な経験」が近代化によって失われてしまうとき、グリーフケアは民俗社会から専門職の領域に移し替えられ、新たな専門的なスキルとして学びとられるようになるのだろう、と指摘しています。このような社会的な状況もまた、グリーフケアの需要を促しているといえます。

哀しみに寄り添う

次に本書の構成を示します。第1章「哀しみを抱いて生きる」では、ヘレンさんの『クレオ』に描かれたグリーフワークの実例とも言える彼女の半生を出発点に、日本におけるグリーフケアの歴史と現状について明らかにし、今後の可能性について考えていきます。

ヘレンさんは、息子を突然失った哀しみから『クレオ』を執筆するまでに、約二五年かかっています。哀しみを、物語として語り始めるまでにいかに時間を要し、困難であったのかがわかります。彼女は、息子の死を受け止め、それでも生きていくにはどうすればよいかを手探りで求めていきます。その経験を通して、改めてご自身が哀しみに対峙してきたグリーフワークについて振り返ってもらいました。彼女は、愛猫・クレオに見守られながら、哀しみを抱えつつも希望を失わず、前向きに生きてきた秘訣を示してくれます（「哀しみの中で物語を紡ぐ――『クレオ――小さな猫と家族の愛の物語』」）。

「どんなにあなたが深いつらさを抱えていても、心は開いておいてください。もしかしたら癒しがまったく思いがけないかたちでやってくるかもしれないのですから」（本書二五頁）。哀しみに対する癒しは、必ずしも友人や専門家との対話ではなく、クレオのような愛猫であったり、彼女の故郷・ニュージーランドにそびえる、まるで富士山のように美しいタラナキ山であったりします。

またヘレンさんへのインタビューでは、『クレオ』を読んだ読者の反応や、ご自身の気持ちの変化について語られます（「『クレオ』とグリーフケア」）。

続いて、「グリーフケア」の研究と実践を進める島薗進さんに、グリーフケアの歴史と日本における展開について概観してもらいました。二〇世紀のはじめ、フロイトが「グリーフ」と呼ばれるものが医療や心理学で重要なコンセプトだと主張します。それ以降の研究の流れと、日本にグリーフケアが取り入れられてきた過程がわかりやすく解説されています。

また東日本大震災の際には、多くの宗教者が宗派を超えて遺体を茶毘《だび》に付し、さまざまな活動を始めました。島薗さんはそれらの取り組みから、つながりを作る場の必要性を主張します。冒頭で「宗教は哀しみの容れ物」という印象深い表現が用いられますが、宗教だけではなく「哀しみの容れ物になるような文化をつらい人に伝えること」が、グリーフケアの可能性を考えていくうえで、重要なポイントになるといえます。

二〇一六年九月に仙台で開催したシンポジウムの際に、ヘレンさんとわたしは本書の著者である中本剛二さんとともに、宮城県仙台市の荒浜小学校や福島県相馬市の磯部小学校など被災地のいくつかを、鈴木岩弓さん、鈴木由利子さん、藤澤久民枝さんに案内してもらいました。藤澤さんは「せんだい3・11メモリアル交流館」にて、見知らぬ青年がヘレンさんに思わず声をかけ、被災した経験を語り出したことをコラムに記しています（「被災地とヘレンさんを結ぶ」）。出会いと語りが、「哀しみの容れ物」になるかもしれないことを予感させる出来事でした。

子どもの死

第2章「子どもの死に向き合う」は、『クレオ』から着想したテーマです。いつの時代にも子どもの死はあり、それを哀しむ親がいるわけですが、子どもの死をどのように捉えるかは、時代によって異なっています。

たとえばG・ゴーラーは、『死と悲しみの社会学』（ヨルダン社、一九八六年）（本書四二頁）の中で、「死別の種類」として、父親の死、母親の死、夫の死、妻の死、兄弟姉妹の死、そして最後に子供の死を挙げ、「あらゆる悲しみの中で最も痛ましく、かつ最も永く尾を引くのは、おそらく成人した子供を失った悲しみである」と指摘しています（一六八頁）。しかしゴーラーは、一九六〇年代初頭のイギリスで話を聞かせてもらった人びとが、あまりはっきりとはそのことを語ってくれなかったと記述しています。その理由の一つに、「少なくとも戦時を除けば、子供が親に先立って死ぬなどと言うのは、「自然の秩序に反している」ように思われる」と指摘しています（一六八頁）。そして、「信心深い親であれ、そうでない親であれ、彼らは漠然とではあるが、子供の死を自らの不徳に対する罰、一種の天罰として解釈するようである」と続けています。キリスト教の信仰に根差した解釈といえるでしょう。

では、日本の社会ではどうだったのでしょうか。

第2章では、まず鈴木岩弓さんが、民俗学が明らかにしてきた生命観にもとづいて「子どもの死」を位置づけ、また近年、それがどのように変化してきたかを明らかにしています（「子どもの死を考える」）。鈴木さんは、一言で死もしくは死者といっても、それはいったい誰なのかと問い、家族や親族、知人といったその人個人にとって意味をもつ死者を「意味ある死者」、新聞や事故で報じられる死者を「一般的な死者」として分けて整理しています。多産多死の時代とは異なり、寿命が延び、少子高齢社会となった現在、医療技術が進歩する中で、子どもの死自体が稀なものとみなされるようになったことを指摘しています。そのような現状において、改めて「子どもの死」を捉え直す必要があるわけです。

また戦争や震災のように、瞬時に数多くの命が奪われていったような場合、人びとの死は、家族だけではなく、その地域や社会全体にも大きな影響をもたらします。そのような中で、「子どもの死」を捉え、遺族だけでなく、地域全体でどのように供養していくかということも、テーマの一つとなってきます。

李仁子さんは、文化人類学者として東日本大震災の被災地でフィールドワークを続けてきました。そんな中、二〇一四年に韓国でセウォル号の沈没事故が起きます。李さんは、多くの子どもたちの命が同時に奪われ、個人だけではなく共同体全体が悲しみに包まれたこの二つの出来事を、日本と韓国の死生観に照らし合わせて比較研究しようと考えました。本書の「震災で失った子どもとともに」では最後に、セウォル号の遺族の方がたと、東日本大震災で多くの子どもたちが犠牲になった大川小学校の遺族の方がたが、二〇一六年三月一一日に一堂に会したことが記されています。これは、深い哀しみを抱えた遺族同士が、ともに一歩を踏み出したまさに記念すべき出来事であり、共同体としてのグリーフワークの一つの形と言えるでしょう。この出会いは、遺族の方がたが新たな物語を語り出すきっかけになるかもしれません。

日本の医療人類学を牽引してきた波平恵美子さんは、「グリーフケアとしての語り」の中で『クレオ』に触れ、これまでのご自身の文化人類学、民俗学の調査、さらには子どもを亡くされた個人的な経験を踏まえて、死の哀しみに直面して「語る」ということがいかに大切であり、また難しいかを論じています。その上で、死の哀しみについて、たくさんの人がたくさんのやり方で語ることによって語りのモデルが現れ、そのモデルに沿ってまた別の人たちが哀しみというもの、あるいは癒される道筋をみつけていくことができる、と指摘しています。そのことは、まさに第1章で島薗さんが表現された、「哀しみの容れ物になるような文化」を作り、また伝えていくことになるのだと思います。シンポジウムで波平さんの発表を聞いた澤井奈保子さんは、そのようにして一人一人がさまざまな形で伝えていくことの意義を、コラム「物語はひと筆ごとに」に記しています。

病院での誕生と死

第3章のテーマは、「出産の場におけるグリーフケア」です。

現代では「子どもの死」に、乳幼児や未成年の子ども、また成人した子どもだけではなく、流産や死産といった胎児の段階での死も含める必要性が出てきました。というのも、鈴木由利子さんが指摘するように、生殖医療技術の進展を背景に、超音波診断などによって胎児が可視化されるようになると、胎児を「わが子」とみなし、流産や死産を「わが子の死」と捉える傾向が強まってきたからです（「哀しみに寄り添う——民俗学の立場から」）。鈴木さんは、その認識の変化を、自宅で出産していた時代から病院で出産する時代へ、さらに近年の生殖医療技術の進展の中で明らかにしています。

流産や死産がこれまで以上に大きなショックをもたらしてしまうのは、現代の出産に対する意識の変化が背景にあります。

厚生労働省の発表（二〇一七年六月二日）によると、二〇一六年の出生数が初めて一〇〇万人を割り、九七万六九七九人になりました。少子化を憂慮する政府にとって、一〇〇万人を割るというのは大きな出来事でした。一九四七年の出生数は二六七万八七九二人（厚生労働省「人口動態総覧の年次推移」）でしたので、二〇一六年までのほぼ七〇年間で三分の一程度にまで減少したことになります。また合計特殊出生率は一九四七年に四・五四であったのが一九五七年には二・〇四まで下がり、その後ほぼ下降を続け、二〇一六年では一・四四となっています。

また一九五〇年頃には自宅出産が主流であったのが、一九六〇年代に出産の施設化が進み、病院での出産が当たり前となっていきます。自宅で出産していた時代、「出産は何が起きるかわからない」、「出産は死と隣り合わせの出来事である」とみなされ、それなりの覚悟が必要とされました。地域によっては異常が生じても、すぐに医者を呼びに行けるとは限らず、また医者が来たからといって助からない命もありました。ところが現在では、ほぼ一〇〇パーセントに近い出産が病院などの施設でなされるようになり、「病院での出産は安全」という意識が当たり前になっていきます。さらに医療技術の高度な発達により、何か異常が生じても助かるにちがいない、と思いがちです。すると、流産や死産が起こるのはわたしに原因があるのだろうか、なぜわたしの赤ちゃんに限ってこのようなことが生じるのだろうか、と女性自身が自分を責めたりする傾向が強まってきます。

このような状況が、高度な医療技術に支えられた「安全」で「おめでたい」出産の場で、流産や死産を受け入れにくくしている現代社会の要因の一つといえます。

再び鈴木由利子さんの論考に戻ると、かつても流産や死産した女性に対しては、身近な人びとによってグリーフケアに近いことが行われていました。しかし、人と人とのつながりが希薄になりつつある現在、流産、死産を経験した女性たちは孤立し、また経験者の悲嘆も深くなりがちだといいます。

佐藤由佳さんは、ご自身の死産というつらい経験から、「With ゆう——流産・死産・新生児死などで子どもを亡くした家族の会」というグループをたちあげました。「With ゆう」のアンケートには、流産、死産を経験したときに、病院で何が最もつらかったのか、また何に救われたのか、それらの点が詳しく記載されています(「流産・死産に向き合う」)。流産、死産を経験した女性たちが、医療従事者の何気ない言葉に深く傷ついたり、また逆に救われたりしている様子が明らかにされます。

佐藤さんは、流産や死産した「わが子の死」を受け止め、哀しみを表現する具体的な方法についても詳しく紹介しています。この世に生まれてきたことを示す儀礼、家族の記念撮影とアルバム作り、家族でともに過ごす貴重な時間——これらの行為、つまり「わが子の死」に対する儀礼と語り方のモデルがあらかじめ示されることで、同じようにつらい経験をした人びとが、孤独に陥ってしまうことを避けられるかもしれません。

染谷優美さんは、東京のシンポジウムだけでなく、「出産の場におけるグリーフケアの可能性」をテーマにした天理のシンポジウムにもわざわざ足を運んでくれました。染谷さんは双胎児を妊娠されましたが、お一人を亡くし、お一人を出産されました（「とこしえの母の愛と双胎《ふたご》の姉妹愛」）。その哀しみは周囲に理解されず、「一人いればいいじゃない」という心無い言葉に深く傷ついていきます。彼女は、お子さんを最初から「双胎《ふたご》の妹」として育てていきます。その孤独な歩みは、「親の会」との出会いによって少しずつ癒されていきます。

産科医療の現場におけるグリーフケア

現在では、新生児の死や流産、死産に際して、多くの医療機関がグリーフケアに取り組むようになりました。しかしその中身は医療機関によってさまざまなようです。二〇一〇年に『赤ちゃんの死へのまなざし』（竹内正人編著、井上文子・井上修一・長谷川充子著、中央法規出版）を上梓した産科医の竹内正人さんは、本を作りたいと思ったきっかけに、「ケアを受けたであろう家族がそれほど満足しているわけではないことを知ったこと」、そして「会って、抱っこすればいいというマニュアルでは死産・流産のケアはできないと思った」ことを挙げています（二〇一頁）。確かにかつての病院では、母親がショックを受けるにちがいないと、死産した胎児と対面させせないことがほとんどでしたが、現在は、希望すれば抱っこのできる医療機関が増えています。それでも、マニュアル通りのケアではケアにはならないことを、竹内さんは指摘しています。

第3章で、堀内みどりさんの語る「心に触れる人間関係に根差したグリーフケア」が、まさに必要とされています。堀内さんは、日本の文化的背景にある信仰あるいは精神文化としての宗教、そういうものを含めて、グリーフケアを総合的に現代の中で構築していく議論の積み重ねが重要であると指摘しています。

このような現状に対応し、専門的な知識や知見、そしてこれまで以上に信頼関係が求められる産科医療のグリーフケアについて、大阪大学医学部附属病院の産科医・遠藤誠之さんが、同病院の胎児診断治療センターにおけるグリーフケアの実践の様子を報告しています（「産科医療の現場より」）。

同センターでは、医師だけではなく、臨床心理士、助産師、遺伝カウンセラー、ソーシャルワーカーも加わり、チームでグリーフケアを行う体制が整えられています。またグリーフケアの対象は、流産や死産をした本人だけではなく、夫も、両親も、本人の他の子どもたちも、そして担当した医療従事者へも範囲が広げられています。遠藤さんは、医師に向けて出される数えきれない質問に一つひとつ耳を傾け、産科医の立場から医学的知識を背景にして丁寧に答えることが、きわめて重要だと考えています。

現在、医療機関ではさまざまなグリーフケアが行われるようになっていますが、退院後、これらをどのように社会全体で引き継いでいけばよいのかという課題は残されたままです。その点について鳥巣佳子さんが、ソーシャルワーカーであった経験から、「患者さんと家族が苦しみや哀しみの中でも生き抜く力を保ち、主体的に考えて生活し続けるために、常日頃から病院内だけでなく、地域や社会全体に広くはたらきかけ続けているかどうかということが、社会福祉の実践者であるソーシャルワーカーに問われています」と指摘しています（「出産からみえてくる家族の喪失体験──医療ソーシャルワーカーの立場から」一五六頁）。

グリーフケアとしての物語の創出

二〇一六年九月に開催した連続シンポジウムにて、仙台の「Withゆう」のみなさんから、亡くなられたお子さんの写真を飾った大切なアルバムや色紙、絵などをお借りして、仙台だけではなく、東京と天理のシンポジウム会場にも展示することになりました。仙台の会場でそれらを送る作業をしたときに、「Withゆう」のみなさんが、「初めての一人旅だね。気を付けて行ってきてね」と、笑顔で声をかけて送り出されました。お借りしたアルバムに写っているお子さんは、みなさんの心の中で成長し、今回初めて、お母さんのもとを離れて旅行に出かけるのだな、ということが伝わってきました。東京や天理で展示を見られた方がたも、哀しみだけではない、未来に向けた希望を感じ取られたと思います。

仙台、東京、天理と三ヶ所でシンポジウムを開催した際、それぞれのシンポジウムが終わるやいなや、ヘレンさんや発表者に、個人的に話をしに来てくださる方がたくさんおられました。また医療従事者の方が、今回の発表の素材をぜひ病院で活かしたい、と言いに来られました。みなさんの熱心さには、圧倒されました。

連続シンポジウムの開催に協力してくれた中本剛二さんは、医療人類学が専門で、外国人市民のために医療通訳を派遣したりするサポートを行う団体「みのお外国人医療サポートネット」の事務局をされています。中本さんはそれらの活動を通して、外国人市民の方々が「自分の困難について聞いてくれる人がいること、関心をもってくれている人がいること」で、落ち着いたり、笑顔になったりすることを指摘しています（コラム「連続シンポジウムに参加して――当事者・専門家・メディエーター」）。そこに、専門家だけに任せてしまわない、社会全体でグリーフケアを考えていく可能性があると考えます。

本書では、さまざまな立場の人びとが『クレオ』を読み、ヘレンさんとともに哀しみに寄り添う方法について考え、語り合っています。大切な人を失ったとき、哀しみを表現することすら困難で、時間がかかるであろうことは、本書の随所で指摘されています。さらに「哀しみに寄り添う」と言うのは簡単ですが、実行するのが難しい。島薗進さんは、「依り添うというのは活動というよりも、むしろ活動しないことなのかもしれません」とも指摘しています。

ヘレンさんは、「哀しみの中で物語を紡ぐ」(第1章)の最後に、哀しみのどん底にあっても「ユーモア」を忘れない、希望を忘れないというメッセージを寄せています。心を開いていれば、癒しがまったく思いがけないかたちでやってくるかもしれない——彼女の半生から導き出されたメッセージは、わたしたちの背中をそっと後押ししてくれます。

「Withゆう」の佐藤由佳さんが進めている、流産や死産を経験した方がたの「物語づくり」は、哀しみから家族が少しずつ抜け出していくことを助けてくれます。

大切な人を失ったとき、その経験を語り始めるのに長い時間がかかったり、最初は消え入りそうな声であったとしても、物語を紡いでいくことは、癒しの一つになり得ます。またそうやって紡ぎだされた物語が、今度は、同じような哀しみを抱いた人びとの心を癒す「哀しみの容れ物」の一つになるかもしれません。

まずは『クレオ』の作者、ヘレンさんの物語に耳を傾けていきましょう。

第1章　哀しみを抱いて生きる

哀しみの中で物語を紡ぐ
——『クレオ——小さな猫と家族の愛の物語』

ヘレン・ブラウン

一昨日（二〇一六年九月一七日）、オーストラリアのメルボルンより初めて日本に到着し、成田から仙台空港にやってきました。仙台空港には、ここまで津波が来た、という印があってその高さにとても驚きました。そのあと、仙台市内でも大きな被害を受けた荒浜の墓地と荒浜小学校を案内してもらいました。荒浜小学校には多くの人びとが避難し、屋上で助けを待ったことを聞きました。そして、小学校の周りに何の建物も残っていない様子を見て、まだ震災が終わっていないことを痛感しました。

そのあと、地下鉄荒井駅に新しくできた「せんだい3・11メモリアル交流館」を訪れました。驚いたことに、一人の若い男性が近づいてきました。彼は学生で、自宅を失っただけではなく、二人の友達も震災で亡くしたことを話してくれました。まったく知らない、よそ者であるわたしに、英語で話しかけてきたのです。おそらく、話したいという強い気持ちがあったのでしょう。よそ者だからこそ話そう、という勇気がわいてきたのかもしれません。わたしは彼を本日のシンポジウムに誘ったのですが、恥ずかしかったからか彼は現れていないようです。それでも、わたしは彼の話を理解したし、哀しみをさらに聞いてみたいと思うのです。幸いなことに、世界の人々は、まだ東北で起こった出来事について忘れてはいません。

せんだい3・11メモリアル交流館にて

また本日の会場では「With ゆう」のみなさんが展示をしてくれています。その中には、子どもを亡くした家族の写真やアルバムがあります。亡くした子どもを抱きしめるその写真から、その人たちの深い愛情と関心を感じることができます。わたしたちのために、このような展示をしてくださって、ほんとうにありがとうございます。みなさんの深い愛情と関心を共有することができて、たいへん幸せに思います。

五年半前、リビングのテレビのスイッチを入れたわたしは、ここ日本で起きたとても痛ましい出来事を目の当たりにしました。日本の方がたへ、そして特にこの地域の人たち、みなさんのところへ気持ちが向きました。みなさんはきっと想像できないほどのトラウマと喪失に直面していただろうからです。世界中があの日と、それに続くつらい数ヶ月の間、あなたたちを包み込んでいました。わたしもそうした何百万人ものうちの一人です。

五年半は多くの人々にとっては長い年月です。五年半もあれば、頼りない赤ん坊が読み書きのできる子どもに成長しうるほどです。でも、わたしは経験から知っています。予期しない状況で子どもを失った人にとっては、それはまるで時が止まったようなものです。

五年半ではあなた方の哀しみはまだ生々しいものでしょう。時にはそのつらさがけっして終わりを告げることはないように思えるでしょう。

できることならそうしたいですが、残念ながらわたしには、魔法の杖を使ってあなた方を元の生活へ戻してあげることはできません。あなた方のお子さんを取り戻すことも、家族を元通りにすることも、昔の風景を再生することも、不可能なのです。あなた方の人生はけっして昔と同じようにはならないのです。

わたしにできることは、希望の物語をあなた方に贈ることです。それはとてもシンプルな、わたしの家族の物語です。今日はその物語をみなさんとともにしたいと思います。この物語を通じて、あなた方がお子さんを失ったことから完全に「恢復」することはないかもしれませんが、少しずつ大きな哀しみと折り合いをつけ、そこから成長することはできるはずです。

今日は、ある秘訣をみなさんと共有したいと思います。この秘訣を、もしもっと昔に誰かがわたしに教えてくれていたら。いや、だれも知らなかったのかもしれません。わたしがお伝えする秘訣とは、「どんなに状況がきびしくつらいものであっても、しっかりと目を開けて現実を見るようにすること」です。癒しは、思いもよらないところからやってくるのですから。

「悲嘆（グリーフ）」に対する理解が近年ずいぶん深まってきたことを嬉しく思っています。今ではたくさんの本やカウンセリングが利用できるようになっています。でも、少し前まではいつでもそうだったわけではありませんでした。

今日わたしは、こういった援助があまり手の届くところになかった頃の物語をしたいと思います。

わたしは長い間、孤独で頼るものがないと感じていました。昔の自分の人生を取り戻したいと熱望していましたが、助けになるものがないと思っていました。でも実は、その助けは、わたしの目の前に、四本の足で立っていた猫だったのです。

まもなくわたしは、癒しが思いもかけないところからやってくるとわかるようになります。

現在、わたしはオーストラリアに住んでいますが、今日はわたしのふるさとニュージーランドをみなさんにご紹介しましょう。日本と同じように、ニュージーランドはいくつかの島によってできている国です。日本と同じように地震が多いので、「揺れる列島」と呼ばれることもあります。

ニュージーランド人はその国土の風景と深い精神的なつながりをもっています。その麓でわたしが育った山が北島にあります。タラナキ山とよばれていて、日本のみなさんにもおなじみの形をしています。これをわたしたちはニュージーランドの富士山と呼んでいます。もっとも、その円錐はそれほど完全に美しい形をしているわけではないのですが。

タラナキ山（著者提供、以下同）

　わたしは一八のときに結婚しました。若すぎました。気がつけば、ウェリントンで夫スティーブと住み、二人の息子サムとロブの後ろを追いかけていました。二人ともとてもよい子で、エネルギーに満ちあふれていました。サムは動物が好きで、ユーモアのセンスがありました。弟のロブはサムが大好きでした。

サム（左）とロブ（右）

　サムの九歳の誕生日の数週間前、友人に誘われて新しい子猫を見に行きました。みんなもらわれる先が決まっていた中、一匹の小さな黒猫だけが決まっていませんでした。同じ親から生まれた兄弟たちの中でも一番小さなその猫は毛がほとんど生えていなくて、ギョロ目でした。誰も欲しがらないとしても不思議ではありませんでした。

　でもサムはこの子猫を熱烈に気に入りました。彼があんなに夢中になったのを見たことがありません。誕生日にこの子猫が欲しいと懇願するのです。わたしが折れて、いいよといったら、天にも昇るほど大喜びをしました。サムはすでに名前も決めていました。エジプトの王女様に見えるから、名前はクレオにしようと言いました。

飼い主によると、子猫たちを母親から離すのにはもう少し時間がかかる、ということだったので、わたしは密かに安堵しました。本当に子猫をもらうのか、少し頭を冷やす時間が必要だったからです。わたしは猫好きというわけではありませんでしたから。

一週間ほどあとの一九八三年一月二一日は、太陽が照りつける天気のよい日で、ウェリントンの港はきらきらと光っていました。学校の夏休みが終わりに近づいていました。わたしは病気の友人を見舞いに外出し、スティーブに子どもたちの面倒を頼んでいました。

サムとロブは裏庭の物干しの下で遊んでいて、そこで傷ついた鳩が地面に横たわっているのを見つけました。サムは古い靴箱に鳩を入れて、獣医のところへ連れて行ってほしいと父親にしつこくねだりました。スティーブは昼食のレモンメレンゲパイを作るのに忙しかったので、子どもたちに自分たちだけで獣医のところへ鳩を連れて行くようにと言ったのです。

ロブをすぐ後ろに付き従え、サムは靴箱を抱えて三輪車で大通りへと急ぎました。ロブはお兄ちゃんに、交通量の多い道路に気をつけるように言ったのですが、サムは鳩に気をとられていたのでそのまま道路に出てしまい、そして車にひかれてしまいました。

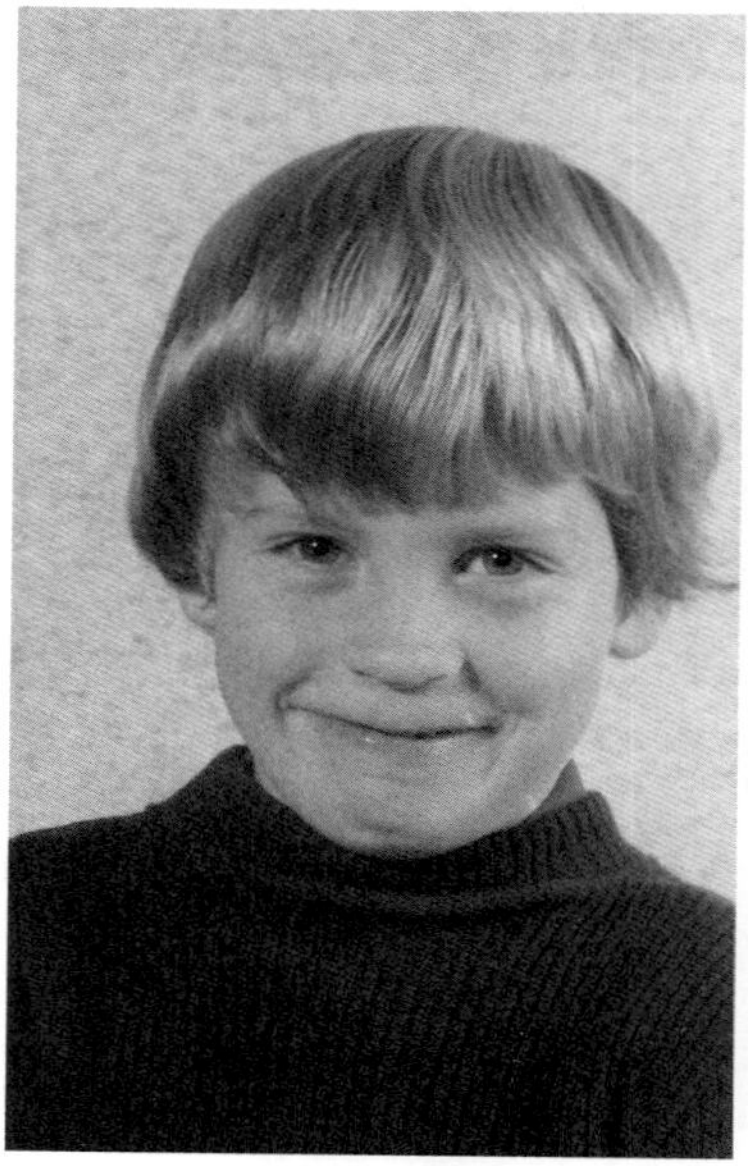

サム

わたしが友人のベッドのそばに座っていたとき、友人宅の電話が鳴りました。友人のご主人がわたしに受話器を渡してくれました。スティーブの声はまるで別の惑星から来たように聞こえました。たいへんなことが起きた、と彼は言いました。サムが死んだ、と。

人が恐ろしい知らせを聞いたとき、それを信じられないという感覚があるものだと言われます。でもわたしの場合、スティーブの口調があまりにあっさりと直接的だったため、彼の言葉は即座にわたしを叩きのめしました。受話器に向かって叫んでいる自分の声が聞こえました。

スティーブがやってきてわたしを家へ連れて帰りました。

家は花束でいっぱいでした。警察官が困惑してやってきて、鳩はまだ生きていますがどうしましょうかと言いましたが、いったいそれが何だというのでしょう。とにかく獣医のところへ連れて行ってくれというのがやっとでした。

わたしは弟のロブのことが心配でした。たった六歳だというのに、兄が道路で死ぬところを目の当たりにしたのですから。ロブは、サムと一緒に寝ていた寝室には絶対に入りませんでした。

ロブのマットレスをわたしたちの寝室へ移し、わたしたちのベッドのすぐそばの床に置きました。ロブは毎夜毎夜ドラゴンに追いかけられる夢を見ていましたが、助けようとすると、いつもわたしの腕から身をよじって逃げました。小さな息子ロブは、苦悩の連鎖の中に一人きりで逃げ込んでしまったかのようでした。

わたしは祈ろうとしましたが、神はわたしの呼びかけに答えてはくれませんでした。絶望の中でわたしは図書館に行きましたが、そこで見つけることのできた本はエリザベス・キューブラー・ロスの本だけでした。彼女によれば、哀しみは五段階を経ると言います。否認、怒り、取引、抑うつ、そして受容です。わたしはどうやらすべてをいっぺんに経験しているようでした。でも受容だけは無理でした。どんな親だって、自分より早く子どもが死んでしまったという怒りを受け入れるなんてことは断固拒否したい、と思う気持ちがあるのです。

葬儀が終わって数週間後、玄関をノックする音がしました。わたしは出たくありませんでした。世界から自分を隔絶し、哀しみの暗い海原でもがいていましたから。

次に二回目のノックを聞いたとき、訪問者があきらめる気がないことに気づきました。扉を開けるとそこにはサムが生きていたときに訪れた先の女性がいました。彼女はふわふわした黒いおもちゃを腕にかかえていました。でも、そのおもちゃが頭を振り、小さくミャアと鳴いたのです。わたしはとてもびっくりしました。

それは子猫でした。彼女はわたしに子猫を抱くようにと差し出しましたが、わたしは断りました。すでにわたしは一つの小さな命を大人へと育て上げることに失敗しているのですから。子猫の面倒を見ることなどあり得ませんでした。

彼女を追い返そうとしたとたん、ロブがわたしのそばへと走ってきました。

「見て！　サムの子猫だ！」とロブは叫びました。

女性は身をかがめ小さなその生き物をロブの腕に抱かせ

ました。

「ようこそ、クレオ！」ロブはそう言って顔を子猫のふわふわの毛の中にうずめました。

葬儀以来、彼の笑顔を見るのは初めてのことでした。

ロブがふわふわした小さな命のかけらを抱いている姿を見ていると、わたしには選択の余地はありませんでした。クレオはここにとどまるべきだと。

我が家の雰囲気はその後数日でがらりと変わりました。いたずら好きの小さな子猫は、わたしたちの家を哀しみの洞窟から日常の暮らしで満ちあふれている場所へと変えてしまいました。実際のところ、あまりにも日常的すぎました。すぐにわかったことですが、クレオにはノミがわいていて、まず水浴びに耐えねばなりませんでした。

クレオが靴下を盗んだり花瓶を倒したりする中で、わたしたちは人生がそれほど深刻なものではないことを思い出していきました。時には笑いさえ起きていたのです。

一番大きく変化したのはロブでした。彼はクレオをどこへでも連れて行きました。ロブはたった六歳だったので、猫の扱いは時に乱暴でした。でも子猫は逆さまに連れて行かれても気にはしていなかったようです。ロブが胸に彼女を抱き、柔らかい体をなでてささやいていると、クレオはなんだかロブの人生の重要な役割を果たしていることがわかっているかのようでした。

世の中には黒猫が不運の象徴と信じられているところもあるようです。動物保護施設で働く人たちによると、黒猫は一番もらい手がないそうです。でもわたしたちにとってクレオは毛皮を着た天使でした。サムがわたしたちに連れてきてくれたのかもしれないと時々思います。

ロブは、サムと一緒に過ごしていた寝室に新しい壁紙を選びました。クレオが一緒に寝てくれるので、またこの寝室で寝てもいいと言いました。夜遅く寝室の扉を開けるとクレオがサムの枕で寝ていました。この小さな黒猫は、そのサイズ以上の大きな影響を与えてくれていたのです。

ロブとこの子猫とは共通点がたくさんあるようでした。どちらも兄弟から引き裂かれています。自己憐憫も後悔もなく日常を過ごしているのを見ると、子猫たちから学ぶべきことがたくさんある、とわかったのです。

この子猫を通じてロブは、通りの向こうがわに住むジェイソンという男の子に出会いました。二人は一緒に学校に行き始め、わたしもジェイソンの母親と友達になりました。

クレオは精神的にも物理的にも癒しを与えてくれる存在として、わたしたちの生活にやってきました。わたしたち以外にも猫の存在で助けられている人はいます。科学的な研究でも明らかになっていますが、猫は人びとの気分を良くするのです。

猫の毛をなでているだけでも血圧は下がり、脈拍も落ち着き、筋肉が修復されるのです。

とても落ち込んで、ベッドから出られないときでも、おなかをすかせた猫がいてくれるおかげで、毛布から出て新しい一日を始めることになるのです。

医療従事者の友人や家族は、次第に動物の癒しの力を理解し始めています。わたしの義理の弟は、一般診療を行う医院を開業すると同時に、ルビーという小さな犬を飼い始めたのですが、そのルビーという雌犬が患者に与える影響に驚いたと言います。

小さなジャックラッセルが、静かに医師の机の下に座っているのを見ると、患者の不安げな表情が笑顔に変わります。ルビーはそれ以来、義理の弟の一番の看護師となりました。義弟が往診に行くと、それが老人ホームであろうと長期受刑者用刑務所であろうと、今日はルビーを連れていないのかと質問されるそうです。

心理学者の友人の話では、自分の飼っているサーシャという猫を仕事に連れて行くと、患者に劇的な変化が見て取れるそうです。おとなしくされるがままのシャム猫が膝の上に丸まっていると、患者は心が安らかになり、今まで以上に自らの感情を解放する心の準備ができるようです。

悲嘆は一つ一つすべて違うものなのですが、わたしが受け取ったメールによれば、子どもを失った親たちの経験と行動パターンは、ある種似ているところがあるようです。

子どもを失ったのが不注意からであっても、交通事故であっても、あるいは自然災害であったとしても、親たちは長い間、死んだ子どもの年齢を数えるものです。もし生きていたら、今どんな様子になっているだろうか、何をしているだろうかと。

最初の誕生日や記念日というのが一番つらいものです。わたしはよくサムが、街角で友達と笑っている姿を見たものです。心臓が止まりそうでした。声をかけたいと思いました。でも、その子がこちらを向いたとき、まったくサムには似ていない、と思うのでした。今でもテーブルでサム用の席を用意することがあります。

大きな喪失を経験したのち、それを癒そうとするにはさまざまな道のりがあります。それを音楽に求める人もいれば、それぞれの信仰に求める人もいます。偉大なる自然という季節のゆっくりとしたリズムが慰めになる人もいます。こういったことすべてが教えてくれるのは、人生はつらくひどいことがあるかもしれないけれども、恐ろしいくらい美しくもある、ということです。

わたしの場合、助けはもう一つ予期しない場所から訪れました。サムが死んだとき、わたしはウェリントンの新聞「ドミニオン」に毎週コラムを書いていました。そのコラムには、毎日の生活についての気楽な出来事が載っているのです。

サムを失ったあと、わたしは読者に何を伝えていいのかわかりませんでした。だんだんわかってきたのですが、人は子どもの死についてはあまり快く思わないものです。わたしと話をしなくてもよいように、道を向こうへ渡っていく人を見たこともあります。もう書くことをやめてしまおうかとも思いました。

でも月曜日の締め切りが近づいてきたとき、わたしは読者にその週に起こったことを書くことにしました。新聞社がその記事を掲載したがるかどうかわからないとすら思いました。

でも新聞社は掲載しました。そして奇妙なことが起きたのです。わたしの家の郵便受けが、見知らぬ人からの手紙であふれかえるようになりました。どんなに深く感謝したことでしょうか。

同じように子どもを亡くした人からの手紙もありました。驚くべき数でした。ある女性の娘はガンで亡くなったそうですし、ある男性の幼子は森林地で迷子になり、二度と帰ってこなかったそうです。

これらのメッセージの一つ一つが、嵐の海を照らす希望の灯台のようなものでした。あなたに起こったことはひどいことですね、とみんな言っていました。同じことがわたしたちにも起きました。でもわたしたちは何とか生き抜いています。あなたもきっと抜け出すことができるでしょう、と。

この親切な人たちこそが、わたしが経験できうるもっともすばらしいグリーフカウンセリングを提供してくれました。わたしは一人ではないのだ、と言ってくれ、誰も好んで入りたくはないクラブではありますが、わたしを迎え入れてくれました。彼らを通じて、わたしの苦悩は人の助けへとつながる深い共感へと変容したのです。

彼らは、悲嘆から完全に「恢復」するなどということは、特に子どもを失った場合には、不可能であろうと教えてくれました。しかしながら、その哀しみと折り合いをつけ、成長することはできるのです。

こういった深い理解があるがゆえに、人はすばらしい善を施すことができます。だからこそ、もしあなたが哀しみで苦しんでいるならば、あなたの物語を人と共有することをお勧めします。今すぐである必要はありません。来年である必要もありません。気持ちの準備が整うまで待ってください。わたしが『クレオ』の物語を書くにも二五年という歳月がかかったのですから。

他の人に語る、というのは、起こったことにあなたが意味づけをする有益な方法です。あなたがこのようにして自分自身を癒すステップを踏んでいるうちに、もしかしたらあなたは誰かを癒しているかもしれないのです。

わたしたちは死を否定する、という奇妙な世界に住んでいます。人生は常に楽しくて気楽なものだという考えに毒されているのです。そして簡単に不安によって操作されてしまいます。死に直面しなければならなくなったとき、それが自分自身の死であろうとも、また愛する誰かの死であろうと、人はどう対処してよいのかわからなくなるのです。

子どもを失った人たちにとっては、最悪のことはもうすでに起こってしまったのです。恐れがはがれてなくなっていけば、わたしたちは大胆に生きていくことが自由にできるのです。

悲劇を生き抜いた人たちを見ていると、わたしは猫を思い出します。猫は人生が厳しいものだと知っていますし、それでよいのです。未来を悲観することもなく、過去のことをくよくよと思い悩むこともありません。来る日も来る日も興味をもって朝日を迎えます。そしてお皿の魚を最後のひとなめまで食べ尽くします。

猫は木々の葉が風に吹かれてそよそよと音を立てるその美しさにうっとりし、また葉っぱを追いかけて大いに楽しみます。

猫は暇があれば外に出て自分をいたわります。ひなたぼっこをし、ゆったりと贅沢な身繕いにふけります。

それでも野生味を忘れることはありません。必要があれば雄猫を道に組み伏せることもあります。

猫は自分をかわいがってくれる人にはとても献身的です。過去にたとえ残酷な目にあっていたとしても、初めて会う人には広い心で挨拶してくれます。

猫は、自分を、そして他人をすぐさま許してくれる存在なのです。

猫は人生がとても大切なものだと知っています。なぜなら、わたしたちはとても壊れやすくて、この世に存在していてもたちまち消え去ってしまうものだからです。

リディアとクレオ

キャサリンとクレオ

夜になると猫はきらきらと光る目で月を見つめ、生きている奇跡を不思議に思うのです。

長い間、クレオはわたしたちの生活の保護者でもあり、わたしたちの家族の変化をずっと見てきました。サムを失った三年のち、わたしはリディアという娘を授かりました。彼女は猫が大好きです。

悲しい事実ですが、子どもを失った結婚生活の七五パーセントが破綻しています。わたしたちも例外ではありません。わたしたちは町を引っ越し、離婚しました。

最終的にわたしはフィリップという男性と結婚し、キャサリンという娘を授かりました。

オーストラリアのメルボルンに引っ越したとき、クレオは先にやってきていました。新しい家の外のキャリーケースの中で、わたしたちを待っていました。気がおかしくなるような人間世界でどんなドラマを繰り広げていようと、クレオはいつもそこにいて、ハエを追いかけたり、だれかの膝の上にすり寄っていったりしていました。

クレオは亡くなったとき、ほぼ二四歳になっていました。息子のロブはハンサムなエンジニアになっていて、オーストラリア人の彼女ができていました。ロブに、家の玄関そばのジンチョウゲの茂みにクレオを埋めることを告げたとき、ロブはため息をついてこう言いました。「サムとの最後の絆が消えてしまったね」と。

このときわたしは、わたしたちの物語を書こうと決心したのです。小さな黒猫の癒しの力を言祝《ことほ》ぐために。何年も前に哀しんでいる親たちがわたしを助けてくれたように、わたしも人びとに希望を届けたいと願ったのです。

この本が最初に出版されて、いろいろな言語に翻訳されたことで、一番驚いたのは他ならぬわたしでした。愛と喪失と小さな黒猫のシンプルな物語がこんなにも異なる文化の人々に関係があるということは信じがたいことでした。

でももしクレオが何かを教えてくれていたとしたら、どんな世界に人が住んでいようと、どんな信念をもっていようと、人は同じ部分がたくさんあるのだ、ということでしょう。

わたしたちの飼っていた猫だけでなく、そのほかのペットもまたとても大切な存在です。わたしたちは家族を愛していますし、子どもはわたしたちにとって世界のすべてです。

ヘレンとクレオ

ですから、もしあなたが今、哀しみに暮れていたり、あるいはそのような人を知っていたりするならば、心の準備ができたときに、どうぞあなた方の物語を語ってください。あなたが思う以上に、その物語はきっと誰かを助けてくれるでしょう。

もしあなたが子どもさんを亡くされていたとしても、あなたは一人ではないのです。あなたもわたしも同じクラブに所属していて、たくさんの仲間が世界中にいるのです。

哀しい出来事から何年か経っていたとしてもなお、哀しみの中にある親はつらい日々を過ごしているでしょう。でも、クレオがわたしに教えてくれた秘訣を思い出してください。

どんなにあなたが深いつらさを抱えていても、心は開いておいてください。もしかしたら癒しがまったく思いがけないかたちでやってくるかもしれないのですから。

猫のように生きてください。自分自身に優しくし、ひとつひとつの瞬間に内側に折りたたまれて見えなくなってしまう喜びを見逃さないでください。挑戦していれば、どんなときでも、人生はすばらしいものになるのですから。

翻訳：早瀬尚子（大阪大学准教授）

『クレオ』とグリーフケア

話し手：ヘレン・ブラウン
聞き手：安井眞奈美

安井　ヘレンさんの『クレオ――小さな猫と家族の愛の物語』に出てくる猫のクレオは、ヘレンさんの哀しみにずっと寄り添って生きていきます。まず、猫のクレオを飼われるようになった経緯を改めてお話しいただけますか。

ブラウン　わたしはニュージーランドの田舎の小さな町で育てられました。母が農家の家系だったので、家と外を自由に出入りするような猫を何匹も飼っていたのですが、どちらかというと母にとって猫は厄介な存在でした。母は、あまり猫が好きではありませんでした。

わたしはそういう中で育ち、そして、息子を九歳になる直前に亡くしてしまいました。その非常に哀しい時期に子猫がやってくる。飼う約束をしていたことすら忘れてしまいそうになっていました。本当に猫を飼えるような状態ではないと自分が思っていただけではなく、田舎から母が手伝いにやってきたときに、なんでこんなときに猫ばかりかまっているのか、しょせん猫でしょ、ということを言われたりしました。

息子のサムが亡くなる直前に、この猫を飼いたいと言うので、いいよと言っていました。もう少し成長したら、後でうちに届けられるという約束でした。この子猫が、わたしにとってサムとのつながりだったのだということを、母はおそらく気づいていなかったと思います。

――作品の最初に、もともと犬派だった、と書かれています。それがだんだん猫が好きになっていく過程が描かれていて、とても面白いなと思いました。

ブラウン　そうですね。息子たちの子育てをも手伝ってくれるようなゴールデンレトリバーを一匹飼っていました。その犬はかなり年を取っていて、そのときに子猫が来ました。この本を書いて出版してから、いろいろな読者の声で気づいたことがあるんです。やってくる動物が猫であろうと、犬であろうと、魚であろうと、馬であろうと、その動物には、人間にできないようなところでわたしたちの心とつながり、いろいろな傷を癒していく力がある、ということです。

――『クレオ』で描かれているような、動物が人間とはまた違う方法で癒してくれるという点が、グリーフケアを考える際の一つのヒントになるのかなと思います。

大事な存在であったペットも、いつか亡くなってしまうことがあります。ヘレンさんが息子さんを亡くされた後、クレオを飼いながら、クレオの視点を通して世の中を見たり、考えたりする中で、だんだんと立ち直っていく様子が詳細に描かれています。しかし、長生きをしたクレオも、最後には看取らなければいけない。そのときにどんなふうに感じられたのでしょうか。

ブラウン　動物は人間に多くのことを教えてくれる先生だと思っています。その中の大きな点が、死について教えてくれることだと思います。動物はわたしたちよりも寿命が短いので、その死を看取るという経験を与えてくれるからです。死についての学びを通じて、生きることについても教えてくれるのだと思います。非常に偉大な教えだと思います。

――仙台のシンポジウムで、癒してくれたクレオが亡くなったときに、ヘレンさんは何を支えにどうやって生きてきたのですか、という質問が出されていました。

ブラウン　クレオとは二四年弱、生活をともにできました。クレオが亡くなったとき、夫が遺体をうちの玄関の前にあるお花の下に埋めてくれました。その後、二人の息子のうち、兄が事故にあうのを目の前で見てしまった弟のロブが大きくなっていたわけですが、クレオが亡くなったことを伝えるために電話をかけました。ロブに、これでサムとの最後のつながりが途絶えたね、と言われたとき、そこで初めて、やっとクレオからもらった気づきとこのストーリーを本にして語ることができるな、と感じました。

――サムとの最後のつながりが途絶えたね、というのは、ヘレンさんにとってかなりショックな言葉だったのではないかと思います。でもこの言葉が、ヘレンさんが次の新しい一歩を踏み出すきっかけになったのですね。息子さんの死は、クレオが二四年をかけて癒してくれた。そのクレオが亡くなった後、今度は書くことによってヘレンさんご自身が、自らの哀しみを見つめ直すという、人生の次の段階に入られたと、そう理解してもよろしいでしょうか。

ブラウン　そのとおりですね。クレオが亡くなってから、すぐ椅子に座って、このストーリーを書き始めたのです。語ることを通じて気づいたのは、子どもなど、大事な人の死から完全に立ち直ることは、おそらくないんじゃないかということです。でも立ち直るという意味ではないかもしれませんが、その経験を包み込めるように、抱擁できるようにはなると思います。そうなるきっかけが自然だったり、動物だったり、また宗教だったり、いろいろあるかと思います。わたしの場合は猫でした。

——動物であったり、宗教であったり、哀しみに対峙していくときに支えになるものがいろいろある中で、文筆家ではないわたしたちにとっても、書くという行為は癒しの力になると思われますか。

ブラウン　もしそういう体験の真最中に、日記に書こうという衝動、気持ちがあるのであれば、文字に起こしていく、書くということはとても大事だと思います。文字化する代わりに絵にして表現したい人は、それもいいと思います。いずれにしても何らかの表現方法で、体験したことを形にしていくことは非常に役立つと思います。

先日、仙台で津波によって大切な人を亡くした方がたの話をたくさん聞いてきました。五年前の話であったとしても、まだ身体と意識の中に鮮明に残り、その哀しみの過程の中にいるようでした。そのストーリーを語ることを通じて他の人とつながることもできているし、今度はわたしが聞かせていただいた話をオーストラリアに帰ったときに、周りの人と共有していこうと思っています。

——ありがとうございます。ほかにもいろいろお伺いしたいことがあります。今回は、グリーフケアというテーマで、ヘレンさんにお越しいただき、シンポジウムを開催したので、哀しみから立ち直らなければいけないとか、何年経ったら哀しみから自由になれるのかとか、そういうことをつい考えてしまいます。けれども、『クレオ』を読んでいると、そこまで頑張らなくても、哀しみとはつきあっていかざるを得ないというか、なんとかつきあっていけばいいのかなと、少し楽な気持ちにもなりました。

ブラウン　今の眞奈美さんの言葉はすばらしいと思います。あえて付け加えるとしたら、大切な人を亡くすということは、自分の身体の一部、たとえば腕をなくすような感覚に近い気がします。あるいは大きな木のすごく大きな枝が切断されてしまった感じでしょうか、木はまだ生きている。木には命があるし、その他の部分は健康でもある。日々の生活で、季節が変わっていくのを見るのも、実は以前よりも鮮明に堪能する、味わい尽くすことができるようになる。命というのは脆いものなんだということを知らされました。気づかされたおかげで、より深く、より鮮明に生きることができる。猫みたいに。

――ものの見方、捉え方が以前とは異なり、自分の人生をより堪能できるようになった、ということですね。もちろんそこに至るには、命というものは脆く、限りがあるものだという気づきが必要ですね。

ブラウン　クレオの本を書いていて、事前のリサーチをしているときに、研究の一つとして、日本の小説、『吾輩は猫である』を読みました。一九〇五年に書かれたすばらしい本ですね。それを読んで、非常に感動しました。そこにたいへん詩的な、そして深い話がたくさんあります。もしもみなさんが、わたしのオーストラリアの書斎に入ってこられたら、『吾輩は猫である』の英訳の『I am a Cat』という本を見て下さい。いろいろな所に付箋を付けているので、何度も何度も読み返したことがおわかりいただけると思います。本当にすばらしい本だと思います。

そういう背景があったので、『クレオ』がいろいろな言語に訳されていく中で、日本語の翻訳が遅かったのはなんでだろう、という疑問をもったぐらいでした。この日本の有名な小説をかなり考慮して『クレオ』を書いていたから、日本人の精神につながりやすいし、読んでみると、そういう観点が影響しているかもしれないという書き方だったはずなのにと、ちょっと疑問に思ったこともありました。

眞奈美さんにいろいろお話を伺ったところ、わたしの書いた主人公の性格が、日本人にとって強い女性であったので、もしかしたら日本の出版社はあまりピンと来なかったのかもしれない、ということでした。

――実際のところはよくわかりません（笑）。夏目漱石の『吾輩は猫である』が、『クレオ』の下敷きになっていることに、日本人として非常に嬉しく思います。『クレオ』を読んでいると、主人公は自分の哀しみをどこか別の所から眺めていることに気づきます。もちろん、クレオの目を通して自分を客観的に見るという描き方がなされていますが、それ以外にも、ユニークなお母さんの目を通して自分自身を客観的に見るとか、常に対象と距離をとってものごとを見ている。それはご本人の性格もあるけれど、ジャーナリストとして仕事をしてきたことも関係しているのかなと思いました。そのへんは、ご自身でどうお考えですか。

ブラウン　まずこの経験について書いた頃は、出版社もなかなか見つからないし、エージェントすら見つからなかったんですね。その頃は、子どもの死をテーマにした本は誰も読みたがらないだろう、という雰囲気を感じていました。ほぼ半分ぐらい書けたあたりで、乳がんになってしまいました。手術を受けて、いったん仕事から離れ、戻ったときに読み返したら、なんと自己憐憫の羅列なんだという感じを受けました。削除、削除、削除となって、言葉をたくさん取ってしまった事実が背景にあります。それで、残ったものをストーリーにしてエージェントに送ったところ、返ってきた返事としては、まあ、いい本です、と。いい本なんだけれども、最初の、息子のことを知らせる電話が来たときに、どんな気持ちだったのか、それをもう少し掘り下げて触れてほしい、というような返事をもらいました。そこで、書き換えなくちゃ、と思いました。

――『クレオ』の完成に至る経緯まで教えていただいて、ありがとうございます。この作品を、ほとんど一気に読んでしまいました。それほど惹きつけられた。しかもいろいろ興味深い所がある。たとえばサムが亡くなった時、義理のお母さんが、日本で言う占い師に見てもらいます。ヘレンさんは、最初全然ばかにして受け付けないのですが、最後に、義理のお母さんが、よくわからないけど、あの時計、ロブにあげてもいいよと伝えておいて、と占い師に言われたというくだりが出てきます。それがあまりにも状況にぴったりとあてはまっていて驚くわけですが、意外にヘレンさんはあっさりと納得しているような印象を受けました。日本でも何かあると、ちょっと聞きに行こうかな、と占い師のところへ行く人もいる。わたしの専門は日本の民俗学なので、そういう話はよく記録されていますし、現在もあります。ですから、あの占い師の話には、わたしもなんだか納得してしまいました。

ブラウン　ちょっと不思議な話をします。ニュージーランド育ちのわたしも、自分なりのスピリチュアリティをもっています。わたしの父がちょっとユニークな世界観をもっていて、彼がよく言っていた慣用句のようなものに、必ず庭の裏には妖精をとっておくんだよ、というのがあります。それは要するに、人生に必ず魔法の可能性をとっておきなさい、という意味で使っていたのです。わたしが子どものころは、寝室で寝る前に窓をちょっとだけ開けておいて、妖精たちに朝七時に起こしてね、と言って寝るんです。そうすると朝、七時にパッチリと目が覚めるし、そのときに窓が大きく開いている。それは彼らが開けてくれたと思うんです。今はそう願っても、そういうふうになるかどうかはわかりませんが……。

――という話をしているときに、なんとタイミングよく、わたしたちの後ろに貼ってある『クレオ』のポスターが落ちてきたではないですか！　妖精に、僕たちまだいるよ、と言われたような気がしました。

ブラウン　はい、確かにここにもまだいたようですね（笑）。

――妖精の話、いいお話ですね。

『クレオ』を読んでいると、ヘレンさんはとても強い女性だなと思う箇所がいくつかありました。人生のさまざまな場面で、次どうするのかなというときに、開き直るというわけではないのですが、「見ててね」みたいな感じで、どちらかと言えば、難しい方の選択をする場面があったりして、すごく前向きだと感じました。それは息子さんの死がきっかけなのか、もともとヘレンさんがそういう性格でいらっしゃったのか、いかがでしょう。

ブラウン　そうですね。もちろんサムからもらった力ということも間違いなくあります。でも大きな要因は、ニュージーランドの田舎育ちで、大きな山の麓で育ったので、自然の力ですとか、命が始まったり終わったりするその中で育てられて自然に身についたものがあります。あとは笑いの力ですね。人生を深刻に捉えず、いろいろなものを笑い飛ばせる力というのが、たぶん身についたんじゃないかと思います。

――いろいろなものを笑い飛ばす力は、確かに重要ですね。ところで『クレオ』は、世界一七ヶ国で翻訳されたロングセラーと帯に書いてあって、一八ヶ国目が日本語なわけですが、世界中でベストセラーになったりすると、印税も入ってリッチな生活を送っていらっしゃるのだろうと思います。セレブの生活があまり想像できないので、どんな日常を送っておられるのか聞いてみたいです（笑）。

ブラウン　日常生活は退屈なものです。まず、書くことというのは一人で行う仕事なので、友だちは少ないです（笑）。インターネットの友だちは別です。作家が金持ちになるというイメージはどこから来るかよくわかりませんが、わたしの場合、あの膨大な富はどこに行ってしまったか、疑問です。洋服とか、カバンをいっぱい買ったわけでもないし（笑）。

——わかりました。毎日パーティーといった生活ではないということですね（笑）。

『クレオ』を読むと心に沁み入るし、わたし自身にそんなに大きな哀しみがあるわけではないにもかかわらず、読後に、わたしも何か話してみたいとか、何か書いてみたいとか、そういう気持ちにさせられました。読者に何か行動を起こすきっかけを与えてくれるような作品は、すばらしいと思います。

ブラウン　わたしたち人間は誰一人、哀しまずに済む、喪失感を抱かずに済む人はいません。いずれは大切な人を失ったり、別離という体験をしたりするわけです。そういうほかの人の経験を読んで参考にするだけでも、それらの経験に対する心の準備になるという、有意義なものだということを、たぶん読者は感じるのではないかと思います。

（本稿は、二〇一六年九月二一日に、東京神保町・書泉グランデで行われたインタビューをもとに加筆したものです）

通訳：スキップ・スワンソン

［コラム］…

被災地とヘレンさんを結ぶ

藤澤久民枝

二〇一一年三月一一日、わたしは宮城県仙台市内の外出先で、あの大きな地震を経験しました。これまで体験したことのない、振幅の大きな強い揺れ。その揺れは五分近く続き、そのときにいた建物ごと倒壊するのではないかという恐怖感のなか、ひたすら揺れが治まるのを待ちました。当時娘は三歳、息子は生後五ヶ月で、わたしの頭の中は、とにかくこの子どもたちを守らなければという気持ちだけだったように思います。

帰宅すると、自宅マンションは壁面に多数の亀裂が走り（後に半壊と認定される）、家具転倒防止対策をしていたにもかかわらず、部屋の中の家具で立っているものはなに一つありませんでした。普段息子を寝かせていたリビングの子ども布団の上には、本棚とテレビが重なっており、入室した時、足が震え、「外出していて良かった」と、心の底から思いました。断続的な余震が続く中、車中で聞いた「被災地のみなさん」という呼びかけの言葉に、「ああ、わたしたちは被災者になったんだ」とぼんやりと思ったのを覚えています。

しかし間もなく、揺れによる被害がかすむほどの事態が、沿岸地域で起きていることを知ることになりました。ラジオが伝える状況は、時間を追うごとに絶望的なものになっていきます。とても長い夜でした。一夜を家族四人車中で過ごし、翌朝沿岸の方角に上がる黒い煙を照らす朝日を見ました。たくさんの人が旅立っていった夜が明けた、あのとき感じた不安と絶望感と少しの安堵感は、一生忘れることはないでしょう。

あれから六年。被災地では少しずつ復興への努力が形になりつつあります。しかし、六年を経た今でも、被災者となり、震災遺族となったたくさんの人たちの中には、あの日から進めずにいる人たちがいます。目に見える復興の色が濃くなるにつれ、心の復興との温度差に静かに苦しんでいる人たちがいるのです。

今回、大学時代の恩師である安井眞奈美先生がヘレン・ブラウンさんをお招きしたシンポジウムを開催されました。開催地の一つである被災地の宮城で、わたしは、来日されるヘレンさんの案内を頼まれ、三日間をともに過ごすことになりました。

ヘレンさんにお会いする数日前に、安井先生から日本で翻訳出版されたばかりの『クレオ』を送っていただきました。その小説から抱いた著者ヘレンさんの印象は、客観的な視点と、厳しさの中にウィットに富んだ視点をあわせもつ、ジャーナリストならではの強さをもった女性というものでした。その文体の印象と、わたし自身の英会話力への心配から、少し緊張しながら仙台空港へ向かい、安井先生とともにヘレンさんを出迎えました。ゲートの前で安井先生を見つけ、手を振るヘレンさんの姿は、わたしが想像していた印象とは少し違うものでした。溌剌とした様子は想像通りでしたが、それ以上に印象的なチャーミングな笑顔と、温かい眼差しが、その人柄を物語っていて、先ほどまでのわたしの緊張感はいつのまにか消えていました。わたしは一目で彼女のファンになりました。ヘレンさんは到着早々、長旅の疲れを感じさせることなく、津波被害を受けた仙台空港の展示を熱心に写真に収めておられました。

今回、シンポジウムの前日と翌日に、宮城・福島の沿岸被災地の取材に同行することになり、訪問先には震災以来、わたし自身足を踏み入れることのできなかった場所も多くありました。行ける機会がなかったのではなく、あの震災以来、沿岸地域に行くことが怖かったのです。津波の怖さはもちろんですが、生活のあった場所が突然「無」になってしまう現実を目の当たりにすることで、もし日々の生活を営むわたし自身の暮らしが同じように突然断たれたらと想像することがとてもつらいことでした。震災前の景色が記憶に新しいわたしは、何もなくなってしまったその風景にあらためて愕然とし、被災体験や、その後の活動を語ってくださる人びとの言葉に大きく心を動かされました。初めてその地を訪れるヘレンさんにも、その壮絶な状況は伝わるに充分なものだったと思います。

視察中、ヘレンさんの人柄を物語ることんな出来事がありました。仙台市若林区にある「せんだい3・11メモリアル交流館」を訪れたときのことです。ここは震災や地域のさまざまな記憶を記録・収集し、発信することを目的とし、その記録が地域の未来への財産となるようにと設立された施設で、小規模ながらも非常に有意義な活動を展開されています。ヘレンさんは震災前の町の様子や震災前後の記録、被災者の言葉などの展示物を前に、時折わたしや安井先生に当時のことを質問しながら、静かに丁寧に見ておられました。

平日の雨の日ということもあり、見学者はまばらでしたが、その中に、ヘレンさんや私たちの会話の様子を少し気にしながら見学する、物静かな印象の一人の若い男性がいました。被災者の言葉を紡いだ展示のコーナーで、ヘレンさんが一人になったとき、意を決したようにその男性はヘレンさんに英語で話しかけてきました。わたしは、少し離れたところでその様子を見ていました。男性は静かな声で、しかし自分の言葉で何かを一生懸命話し、ヘレンさんは、彼の目をしっかり見つめ、ゆっくり何度もうなずいていました。

しばらくして安井先生とわたしもその会話の輪に入り、彼の話を聞きました。彼は大学一年生で、中学時代に東松島市で大津波に遭い、つい最近まで仮設住宅で暮らしていたそうです。彼の自宅のあった大曲浜《おおまがりはま》は小さな漁港で、その被災状況はマスコミで大きく取り上げられることはなく、わたし自身も同じ宮城に住んでいながら、この地区が受けた被害については知りませんでした。彼は、周辺被災地域と同じように甚大な被害を受けていても、なかなか自分の地区に向かない社会の目、遅々とした復興について、彼自身がこの六年間抱いてきた苛立ちや怒りや失望を、静かにわたしたちに語ってくれました。

別れ際、ヘレンさんは「話を聞かせてくれてありがとう」と言い、優しく彼にハグをしました。彼は一言「僕も聞いてもらえてよかったです」と静かに言いました。もちろん、彼はヘレンさんがどのような人で、どんな目的でこの場にいたのかを知りません。ただ聞いてもらう相手として、話したい相手として、ヘレンさんを選んだのです。それはけっして大げさではなく、わたしには奇跡のような出来事に思えました。物静かに見えた彼は、ずっと身近な人に話したくても話せない苦しさを抱えていたのかもしれません。ヘレンさんとの偶然の出会いと一時の語らいが、彼を癒したに違いないことは、去り際の彼の穏やかな表情から見てとれました。わたしは、この後もヘレンさんの滞在中に、似たような状況を何度も見ることになりました。

今回、宮城・福島の沿岸被災地を訪問する中で、またシンポジウムを通して、たくさんの人々がヘレンさんに語りかける様子を見てきました。ヘレンさんは、彼らが語る経験を自分の中で「追体験」しているように見えました。同情でも憐みでもない、同じ目線で、同じ感情で語り手の心の中にヘレンさんが同化しているようにわたしには思えました。それは近くで見ていて、これまでに感じたことのない不思議な感覚でした。ヘレンさんに向けて言葉を投げかけた人びとと、最後にその心を分かち合うように、ヘレンさんはハグや握手を交わしていました。

おそらく被災地には、彼の語ったような、マスコミに全国的には大きく取り上げられることはなかったけれど、大きな被害を受けた場所が少なくないはずです。それは漁港に限らず、毎年夏の海水浴客でにぎわった砂浜や、たくさんの人の想い出の場所も。震災後、故郷を失った哀しみ、大切な人を失った哀しみ、語りたくても口にすることすらつらい思いを抱えた人たちが、喪失感の中で日々を黙々と生きています。そして、わたしのような大きな被害を受けたわけでも家族を亡くしたわけでもない、一見すると無傷のように見える被災地の人間でも、あの震災で少なからず傷ついていることを、わたし自身がヘレンさんとの語らいの中で気づくこととなりました。ありがたいことにわたしは、ヘレンさんと過ごした三日間で、震災を境に、心のどこかにあった冷たい塊のようなものが溶けたように感じています。

わたしは、ヘレンさんとの語らいが、国の違いや言葉の違いを軽々と飛び越え、互いを認め癒しあっていくその様子を目の当たりにし、ヘレンさんにもう一度被災地を訪れてもらいたいと心から思いました。そしてできることならば、多くの被災者の方がたと対話する機会がもてれば、と願わずにはいられません。

ヘレンさんと出会えたことに心から感謝するとともに、宮城・福島での三日間がヘレンさんと東北を結ぶ絆の布石となれば、関わったスタッフの一人としてこれ以上の喜びはありません。そして、次にヘレンさんが日本を訪問されるとき、今より少しでも心の復興が進んだ姿がヘレンさんの目に写ることを心から願っています。

グリーフケアの歴史と日本での展開

島薗 進

哀しみの容れ物

わたしはグリーフケア研究所の所長になる前は、宗教学の教授をしていました。ですが、今の仕事のほうが気に入っているところもあります。宗教にすごく惹かれるのですが、何かついていけないところがある。時には宗教のいやな面もある。わたしは特定の宗教にはあまり長く関わったことはありませんでした。

宗教は哀しみの容れ物ではないかなと思います。哀しみの容れ物は、物語もそうだと思っています。本日のヘレン・ブラウンさんのお話は自分の人生のお話ですが、本当に深い物語でした。最近、『宗教を物語でほどく』（NHK出版新書、二〇一六年）という本を書きました。その中で、作家西加奈子さんが三〇代で書いた『きりこについて』（角川書店、二〇〇九年）という現代の小説を一つ取り上げました。このお話は、とても自信のある一〇歳ぐらいの女の子が、自分が好きになった男の子に「ブスだ」と言われて学校に行けなくなってしまい、摂食障害になるというお話です。かなり喜劇的な話でもあるのですが、非常に深い哀しみがあるお話です。

その女の子が、捨てられている猫に癒される。猫が亡くなるまでのことが描かれ、その間に彼女、主人公は三〇歳、四〇歳ぐらいになっていく。そういうお話でした。子どもが死んだ話ではないけれど、自分のプライドが壊された。生き方を立て直すまで苦しい日々を過ごすというお話でした。

本日は亡くなった子どものお話が主題ですけれども、グリーフというのは、配偶者が亡くなる、親が亡くなる、きょうだいが亡くなる、いろいろな場合に起こりえます。しかし、自分が大事にしているものが亡くなることと考えれば、希望とか、プライドとか、生き甲斐とか、そういうものを失ってしまうこととも言えます。

津波でたいへんな哀しみを抱えた方たちは、いろいろなものを失った。そのあとの原発事故で自分の生まれた土地にもう帰ることができなくなった人たちは、故郷を失いました。故郷は命の源と呼ばれていますけれども、こういう哀しみもあると思います。

西加奈子さんの『きりこについて』という小説は、『クレオ』の横に並べて読んでほしいと思う本です。『クレオ』はクレオパトラに由来する名を持つ猫が主人公です。『きりこについて』に登場する猫はラムセス二世というエジプトの英雄です。二つの作品を連想しながら読みました。

グリーフケアとグリーフワーク

グリーフケアとは何でしょうか。まず、学問的にお話しします。現在、グリーフと呼ばれているものを医療や心理学で重要なキーコンセプトだと言い出したのはフロイトです。二〇世紀のはじめ、一九一〇年ごろのことです。フロイトが作った言葉で今もとても大事な言葉と思われているのは、「喪の仕事」、哀しみの仕事です。これをグリーフワークと言います。哀しみは仕事なんだということです。自分の愛している者が失われた哀しみ、対象喪失と言っていますけれども、愛で結びついていた者が亡くなって、心がさまよう。そのときになんとか新しい目標を見いだして、自分の愛を再建していくという仕事です。そのためには、愛していた相手との関係をよく理解し直して、組み立て直していくことが必要です。

実は、フロイトは自分の父が死んで、ほとんど鬱《うつ》になりかかります。その中で、彼はそういうことを考えてきたのです。もとはドイツ語ですが、「喪の仕事」というと、喪は英語では mourning なので、モーニングワーク (mourning work) ということですが、グリーフワーク (grief work) とも言えます。grief と mourning は微妙に意味が違うと思います。

精神分析というフロイトが始めた精神医学や心理学でこの言葉がキーワードになりました。日本語では小此木啓吾の『対象喪失』(中公新書、一九七九年)といういい本があります。

愛の対象が失われる、自分が大事にしている世界が失われるというときに、死んだ人はいなくなるのだろうかという問題があると思います。死んだ人は、遺された人にとっては、存在しています。いろいろなときにその人は語りかけてくるように思うし、自分の気持ちがそこへいつも向かっていきます。死んだ人はいないとはなかなか言えない。でも、その人がこちらに働きかけてくることはない。心の中には鮮明にいるにもかかわらず、現実にはいないということが喪失の大きな特徴です。

「千の風になって」という歌があります。あの歌の魅力は、亡くなった方が語りかけてくることです。「お墓の中にはわたしはいません」と言う。あの歌を聴くと、亡くなった人と語り合っている気持ちになる。普段は、「ああ、あの人がいないなあ」とつくづく寂しく思うわけですが、夢の中とか、また物語の中では死んでいる人は語りかけてきます。こういうことがモーニングワーク、哀しみの仕事については大事なことです。

相手が生きていても、すでに哀しみが始まっていることもあります。「予期哀嘆」と言っています。知っている人が病気になって、これから亡くなっていくとなると、今は生きていても、哀しいですね。あるいは、子どもが苦しんでいると、親は胸が痛い。この心配と哀しみはとても近いものです。

哀しむことは悪い反応ではありません。むしろ絶対に必要で、哀しみを省いてしまうことはとてもおかしなことです。哀しみという心の仕事をしっかり行うことが、グリーフワークの意味だと思います。


そのあいだに人々は、失った対象に対する思慕の情、くやみ、うらみ、自責、仇討ち心理をはじめ、その対象とのかかわりの中で抱いていた、さまざまな愛と憎しみのアンビバレンスを再体験する。そしてこの心の中での悲哀の心理過程を通して、その対象とのかかわりを整理し、心の中でその対象をやすらかで穏やかな存在として受け入れるようになっていく。　(四五頁)

先述の『対象喪失』にこう書かれています。アンビバレンスはフロイトの言葉で、愛している人には、その裏に何で愛しているのにこうしてくれないのかという憎しみの心もある状態をいいます。父親に対するエディプスコンプレックスでは、愛する対象だけれども、なんとか父に勝ちたいというライバル心もあるといったことです。

実は親に対する、相手に対するいろいろな気持ちがあったことを整理しながら、安らかで穏やかな関係になっていく、これがグリーフワークです。そのプロセスを分かち合いながらいくらかなりと力を貸す、これがグリーフケアです。

喪失の哀しみと病的な悲嘆

理論の話は少し省きますが、その後の研究では、ジョン・ボウルビィという人の研究が有名です（黒田実郎訳『乳幼児の精神衛生』岩崎書店、一九六二年）。この人は、子どもが大事なものを失ったときの反応を考えました。『クレオ』では、兄をなくしたロブや、親きょうだいと別れたクレオがそうですね。わたしの家で飼っていた犬が、最初に抱かれていた布を一生大事にしていました。口にくわえて振り回したり、いろいろなことをやるけれども、死ぬまでそれから離れなかった。人間が親から離れることもたいへんつらいですね。

人生にいろいろな時期がありますが、人はみな親から離れていきます。家庭の都合で親とあまり一緒にいられない人もいる。健康の面から離れていく場合は哀しみを学んでいくことでもある。

次第に親離れしていくことが成長だとすると、人間は一生、哀しみを経験し、大事なものから離れていきながら、親の懐を離れ、故郷を離れ、それまでとても愛着をもっていたものから離れていくことで、自分の幅を広げていくという面もあります。

ボウルビィは子どもの反応を見ながら、そうしたことを考えました。この中で、フロイト以後の精神分析の大事なことですが、いかに最初に愛に育まれているかが人間にとって大きなことなのかがわかります。犬の子どものときもそうです。ヘレンさんの故郷、ニュージーランドの自然の話もそうですが、日本人にとっての命の源、それは母であるけれども、故郷の自然でもある。こういう感覚はたぶん日本人とニュージーランド、美しい自然の中で生きてきた人たちが共有しているものではないかと思います。

哀しみそのものはけっして悪いことではないし、病気ではないんですが、医学でグリーフケアが問題になってくるのは、うまく克服できない哀しみによって、鬱になったりすることです。今は「複雑性悲嘆」と言ったりしますが、病的な悲嘆があるのではないかという理論が出てきたのが一九四〇年代です。

一九四四年、リンデマン（Erich Lindemann）という人が、ボストンのナイトクラブ「ココナッツ・クラブ」という店が大火事になってしまった際の被災者たちの中で、いつまでも立ち直れない人たちがいることに気がつきます。あるいは最初はぜんぜん影響されなかったように見えて、平気な顔をしていたけれど、しばらく経ってからそのことが思い出されて、立ち直れなくなってしまう人が出てくる。そういう研究をしたのです（*Symptomatology and Management of Acute Grief*, 1944）。医学的にそういう人を治療するにはどうしたらいいかという研究が、グリーフケアの理論として出てきました。

奥さんが死んでしまった例では、最初は平気な顔をしていたけれど、しばらくして自分が悪かったという気持ちが生じ、自分が助かってしまったことが許せないということで身を投げてしまったという話があります。こういうことをどうしたら防げるかが考えられるようになってきました。

グリーフケアのこのような展開をわかりやすく説明した書物に、ケルスティン・ラマーの『悲しみに寄り添う――死別と悲嘆の心理学』（新教出版社、二〇一三年）があります。

以上が、グリーフケアの医学的、心理学的な理論の初期の歴史です。こういうことがあっても、グリーフケアはあまり人びとの話題にはなりませんでした。それが変わってくる大きなきっかけは、一九六〇年代から人文学者が哀しみを問題にし、気にするようになる時期です。一九七七年にフィリップ・アリエスというフランスの歴史家が『死を前にした人間』（成瀬駒男訳、みすず書房、一九九〇年）（**図1**）という本を出しました。西洋の歴史の初めから現代まで、西洋人が死にどう向き合ってきたかという歴史を描い

図1 『死を前にした人間』

図2　『死と悲しみの社会学』

ています。本も厚いので、全部読んでいるとくたびれてしまうような本ですが、すばらしい本です。

その中には、「昔の人はもっと死とうまく折り合っていたのだ」とあります。アリエスは「飼いならされた死」と呼んでいます。ところが、現代人は死とうまく折り合えなくなってきて、「逆立ちした死」となり、死が謎になってしまう。死を受け入れられないで苦しむ人が多数出てくる。そういう人が死を描いた文学作品に共鳴するという話が出てきます。

日本の「死の風景」

それより少し前に、ジェフリー・ゴーラーというイギリスの人類学者が『死と悲しみの社会学』（宇都宮輝夫訳、ヨルダン社、一九八六年）と訳されている本を書いています（**図2**）。この話は今日の話題に直結しています。この本の中でゴーラーは、最近自分の親が死んでしまったとか、祖父母とかきょうだいなど、誰か近しい人の死を経験した学校の子どもたちの親に、「どう死について説明しましたか」という質問をしています。その質問に対して一九六〇年ごろのイギリスの親はどう答えているでしょうか。

「子どもたちには、おじいちゃんが死んだ、と話しました。それだけです。近頃の十代の子どもたちは、そういったことには心を悩ませないのです」

「その年頃の、つまり十六歳より少し下の子どもやグラマースクールを終えた子どもに話すことは、ごく僅かしかありません」

「潮時を見て娘に話そうと思ったのですが、あまりに突然で、ショックも大きかったので、やめました。死体が家に置かれていたとき、娘はおびえはしませんでした。他方、過度の興味も抱いたりしませんでした」

「わたしは説明しませんでしたが、子どもたちは学校で習ったと思いますよ」

「子どもたちには、わたしたちのやっていることに加わらせませんでした。そして聞かれない限りは、何も子どもたちには話しませんでした」（四三～五三頁）

親は子どもに死について説明できない、したくない。こういう状況を見ると、自分たちのことも考えます。六、七年前にわたしの母親が亡くなったときに、曾孫がずっと最期を見ていましたので、どう説明したらいいのかなと思ったことがありました。日本人は、「おばあちゃんは、天国から見てるからね」なんて言いますけれども、「じゃあ、天国ってなに」と聞かれたら非常に困る。何も言わないより、「天国から見てる」と言ったほうがまだいい。でも、天国って何かよくわかっていない。そんなところがあります。

一九六〇年代、わたしは石川県にいましたので、お盆の時期には次のような光景がよくありました。人々がお酒を飲んだりして死者を迎え、家の中には四十九日《しじゅうくにち》まで置いておく白木の位牌と遺影があります。遺影は田舎だと絵だったりします。おじいちゃんやおばあちゃんがいますが、どちらかというと男性が中心で、若い女性や子どもはいない。どんな話をしているかわかりませんけれども、そこに死者もいる感じがある。

そういう雰囲気は昔の日本のお通夜にもありました。お通夜では、本来は一晩、夜を徹するもので、お線香を消してはいけないとされるなど、死者とともにいるという感覚を大事にしてきたと思います。そして、みんなで一緒にお墓参りに行く。家の中には神棚や仏壇もあります。

こういうのが日本の昔の風景でした。日本人はお盆には死者が来ると考え、お正月、お祭り、お彼岸やご命日もそう考えていました。しょっちゅう死者と行き来をしている感覚をもっていた。死んだ人はあまり遠くへ行っていないんです。お盆のときに迎え火を焚いたりしますし、近いところにいるからすぐ帰ってこられるという感じでした。

最近の冠婚葬祭の本にある家族の墓参りの絵を見ると、子どもが一人で両親とお参りしている絵があります。みなさん、どういう感じをもつでしょうか。子どもたちにしっかりお墓参りを教えていると思いますか。わたしの子どもは男の子が一人、孫も男の子が一人いますが、イギリスに住んでいるので、わたしのお墓がいつまで見てもらえるか、よくわからない。お墓や仏壇で死者と生者が結ばれている文化が日本には濃厚にあったけれども、それもだんだんと薄くなってきています。

死の受容と「うた」

恐山のイタコは、七月二四日、地蔵盆に死者をおろします。「お父ちゃん、今、どうしてる」と家族が聞きにくると、イタコが話をしてくれる。今、こういう文化はほとんどなくなり、イタコはほとんどいません。

代わりに、グリーフ・カウンセリング・センターというものができました。わたしの知り合いの方が東京の神保町でやっています。同じ哀しみをもった人たちが集まりをもっている。こういう集いにグリーフから癒えていくために人びとが集まる。このように変わってきているということでしょう。

そもそも日本文化には、死別の哀しみに関して、自ずから浮かんでくるものがたくさんあります。たとえば、人の死について頭に入っている詩句に「いろは歌」があります。

色は匂えど散りぬるを　我が世誰ぞ常ならむ　有為の奥山今日越えて　浅き夢見し酔ひもせず

普通は「浅き夢見し」と言っていますが、「夢を見るまい」という意味ですと、「夢見じ」でしょう。今生きているこの世は夢のようなものなので、そこから醒めて、真実の世界に向かいましょうということですね。今、この世こそがリアリティだと思っているのは幻だとして、「死を思え」ということでもあります。

仏教の精神、東アジア的な仏教ではどうでしょうか。浄土真宗の強い地域へ行きますと、お葬式のときにお経を仏様に向かってあげたあとで、僧侶が遺族に向かって、「白骨の御文《おふみ》」を読みます。蓮如上人が門徒のために書いた手紙です。

それ、人間の浮生なる相をつらつら観ずるに、おおよそはかなきものは、この世の始中終、まぼろしのごとくなる一期なり。

（中略）

我やさき、人やさき、きょうともしらず、あすともしらず、おくれさきだつ人は、もとのしずく、すえの露よりもしげしといえり。されば朝には紅顔ありて夕べには白骨となれる身なり。

「人が死んで、哀しい」というと、「いや、それがこの世のリアリティなんだよ、無常というものなんだ」という。そのことを悟って、この場合でしたら、「南無阿弥陀仏、南無阿弥陀仏」と唱えて、極楽をめざす。「倶会一処《くえいっしょ》」という言葉がありますが、ともにまたお浄土で会いましょうということです。そのために阿弥陀仏に願いをし、御文を読む、という文化がありました。今もありますが、次第にこういう文化が薄まっています。

第二次大戦後に、御詠歌講《ごえいかこう》がお寺で広まりました。昔は村々でそれぞれ、だいたい女性が集まって念仏をあげたり、鉦《かね》を鳴らし、和讃《わさん》を唱えたりしました。今も巡礼に行ってお経をあげ、その後、和讃を唱える人たちがいます。それをお寺で行う。この御詠歌講は、戦後にかなり広がり、曹洞宗の御詠歌講、梅花流では一九八〇年代、多いときにはメンバーが一八万人ぐらいいたというものです（曹洞宗山形県第三宗務所梅花流三十周年記念誌編集委員会編『梅花流三十周年記念誌』同委員会発行、一九八五年）。「追弔御和讃」という歌があります。

その名を呼べばこたえてし
笑顔の声はありありと
今なお耳にあるものを
おもいは胸にせき上げて
とどむるすべをいかにせん
溢るるものは涙のみ

立ちては昇りのぼりては
哀しく薫ゆる香《こう》の香《か》に
かずかず浮かぶ思い出よ
供えし花はそのままに
霊位《みたま》の座をばつつむなり
清きが上に清かれと

一世《ひとよ》の命いただきて
会うことかたき勝縁《えにし》をば
夢幻《ゆめまぼろし》となどかいう
うつつの形《かげ》は消ゆるとも
うつろうものか合《か》わす掌に
契りて深き真心は

東北や北海道などでは、今でもお葬式のときにお坊さんがお経をあげたあとで、女性の御詠歌講が出てきて、こういうものを詠います。すると、さめざめと涙が出てくる。こういう光景があります。

このような文化が長くありました。そういう雰囲気が次第に薄れ、縁遠くなってくる。今、七〇歳ぐらいの女性は演歌がお好きでしょう。演歌のリズムと御詠歌はかなり近いですが、今の三〇代、四〇代の人がこの御詠歌を詠いたいと思うかどうか、非常に難しい。

こうして、むしろ「千の風になって」のほうが身近になった。こういう中で、グリーフケアが話題になってくることになります。

一九六七年、イギリスでシシリー・ソンダースによる聖クリストファー・ホスピスができました。六九年にE・キューブラー・ロスの『死ぬ瞬間――死にゆく人々との対話』(川口正吉訳、読売新聞社、一九七一年)が、またレイモンド・ムーディの『かいまみた死後の世界』(評論社)が原著も邦訳も一九七五年に出版されます。このころからデス・スタディーズと言ったり、サナトロジーと言ったりしますが、こういうものが出てきて、その中に、グリーフケアも含まれます。ターミナルケアとも言ったりしますけれども、死にゆく人のお世話をすると同時に、その周りにいる家族や遺族の哀しみに対応する。

これを受けて、日本でも死生学やホスピス運動が移入されます。淀川キリスト教病院の柏木哲夫さんが大いに貢献されました。精神科医で、のちに大阪大学教授となられます。柏木さんや他の医師らが協力して「死の臨床研究会」が発足するのが一九七七年です。一九八〇年代になると上智大学のアルフォンス・デーケンさんが先導されて、「生と死を考える会」が始められます。一九八三年のことです。

これがグリーフケアにも広がっていきます。フロイトが出てから話題になってきたグリーフケアが、この頃からいよいよ多くの人びとの関心の対象になってきたと捉えていいと思います。

日本では、次第に仏教界が関心をもつようになってきます。「ビハーラ」という言葉があります。ホスピスというと西洋のものなので、仏教ではインドあるいは仏教の中で安らぎの場所をいう「ビハーラ」という言葉を使うようになりました。

日本での一つの特徴は自殺防止です。グリーフケアの中に自死遺族のケアがあります。ケアというよりも、お互いに集まる、同じような哀しみをもつ人たちがその思いを分かち合う場合があります。「Withゆう」(第3章「流産・死産に向き合う」)もそういうグループだと思います。その中でかなり深刻なのは、自死遺族の場合です。

仏教界は、自殺防止ということで、自死遺族には、かなり熱心に関わっています。キリスト教と仏教の違いが少しあります。キリスト教では自殺は罪なので、教会があまり関与できない。しかし、仏教では自殺が重要な罪という考えはないので、自死遺族のために死者のご供養をしています。

事故・事件、災害による死者の供養

二〇〇五年四月二五日に、ＪＲ福知山線の脱線事故が起きました。関西は鉄道が阪神、阪急、京阪などが走り、ＪＲと競争している。時刻表から遅れないよう、少しでも早く走りたいという意識があり、カーブの速度制限をオーバーしていたため曲がりきれなかった。最初の二両はぐちゃぐちゃになってしまいました。一〇〇人ぐらいの人が亡くなり、六〇〇人ぐらいの人が負傷した大事故でした。

これが大きなきっかけとなって、日本のグリーフケアが始まりました。この前に関西では一九九五年に阪神・淡路大震災がありました。そして二〇〇〇年には大阪教育大学附属池田小学校の事件が起きています。小学校に、単に自分が死にたいだけという人が押し入って、子どもたちを殺したのです。二〇一六年の神奈川県相模原の障害者施設での殺人事件と少し似たところがあります。そういう中で、関西でグリーフがとても強く意識されるようになった時期がありました。

わたしが今、一緒に仕事をしている高木慶子シスターが、福知山線の事故後について対応しています。遺族に対してどうするかと同時に、加害者側もどう対処したらいいのか、そこにも向き合うことで日本のグリーフケアの取り組みが大きくなりました。

自然災害で亡くなるのと、事故・事件で亡くなるのでは、遺族の心情はだいぶ違います。次のような証言があります。

わたしは福知山列車脱線事故で一人娘をなくしました。／この時程、神仏を恨んだことはない。／事故現場へ行く車の中で、どうか無事であってくれ、生きててくれー、と心の中で何度も何度も祈りました。／二日間ありとあらゆる病院を廻りましたが、みつかりません。／孫達三人が、おじいちゃん、おばあちゃん、もうお家へ帰ろう、とやさしい言葉をかけてくれ、母のことも判らずに三田の家へ帰り、床に毛布をしいて、孫達と一夜を明かし、わたしは神棚に手を合わせ、娘の無事を祈り続けました。

ようやく安置所で娘の遺体に出会う。まぎれもなく娘でした。目の前が真っ暗になり、妻はその場で棺に寄りかかり、泣き叫び、もう地獄地獄。／わたしはこの時、神仏を恨みました。「娘は人一倍やさしい子なのに、なぜうちの娘に、と」。この男性は神仏に手を合わせることが多かったようで、三十三カ所、八十八カ所もお参りする機会があったようです。だが、「神仏がわからなくなりました」と書いています。それから五年たったが、今でも「あのことはわたしの心の大きな傷として残り、薬でも医者でも治らない。墓場までもっていくしかないと」思っているといいます。

（「遺族一五人の手記より」、高木慶子・柳田邦男編『〈悲嘆〉と向き合い、ケアする社会をめざして』平凡社、二〇一三年）

この証言の記録に解説を書いている柳田邦男さんや著者の高木慶子シスターは、人災の場合に、グリーフはより深刻になり、どうしても恨みの気持ちが取れないといいます。自然災害でもそういう気持ちはありますが、大自然の場合は何とか仕方がないと思えるけれども、人が関わっているとなかなかそれがつらいそうです。

図3　ウェブ「河北新報」(2011年4月1日) より

そういう中で、二〇一一年三月一一日の東日本大震災がありました。これを機に日本のグリーフケアは大きく展開します。四月一日の「河北新報」、仙台の新聞に、若いお坊さんがお経をあげている写真が出ました（**図3**）。ヘレンさんがお話になった荒浜や閖上《ゆりあげ》、仙台のすぐ向こうの海岸の平らな地域でしょうか、多くの命が失われたところでお祈りをします。日本の新聞にお坊さんがお経をあげている場面は滅多に出ません。この写真を載せた記者やデスクは、遺族の気持ちを表しています。遺族だけではありません。そのとき、多くの日本人は亡くなった方たちのことを思ったと考えられます。

こういう写真が出るということは、日本人の宗教離れが進んでいるとはいえ、人びとはやはり宗教は大事だなという気持ちをもったのでしょう。東日本大震災で多くの方がお寺に避難したのも、そういう状況をよく表していると思います。

わたしも鈴木岩弓先生にご案内いただいて、二〇一一年の五月の初めに仙台の少し南のあたりの海岸地域を車で訪ねました。お寺が破壊され、お墓の石の蓋が取れて、その中に骨壺もない。波が持っていったのか、それともほかのことはもうできないけれども、とにかくお墓の遺骨だけは早く大事にしなければと思って、もしかしたら遺族が集めに来ていたのかもわかりません（図4）。

そのくらい、日本人は遺骨や仏壇のご位牌を大事にする。まず、命が助かったら、そういうものを大事にする気持ちがあったと思います。

図4　「朝日新聞」（2011年4月14日）ウエブより。http://www.asahi.com/special/10005/TKY201104130198.html

「心の相談室」の存在

東北地方は仏教でいうと、曹洞宗が多い。お寺の七〇パーセントぐらいが曹洞宗です。普通、お坊さんというと近寄りがたい感じがありますが、若い方たちが、おばさんたちや子どもたちと一緒にお祈りをしている姿を見かけます。僧侶が町を行脚《あんぎゃ》したりする。こういう光景は日本ではあまり見ません。

福島の除染をしている地域で見たパンフレットですが、「縁り添い」という詩が掲げられています（図5）。若い僧侶が作った詩です。「縁（寄）り添い」はスピリチュアルケア、グリーフケアを行うときに大切な言葉です。寄り添うって何だろうか。本当につらいときに、寄り添うという活動をする。寄り添うというのは活動というよりも、むしろ活動しないことなのかもしれません。あるいは、

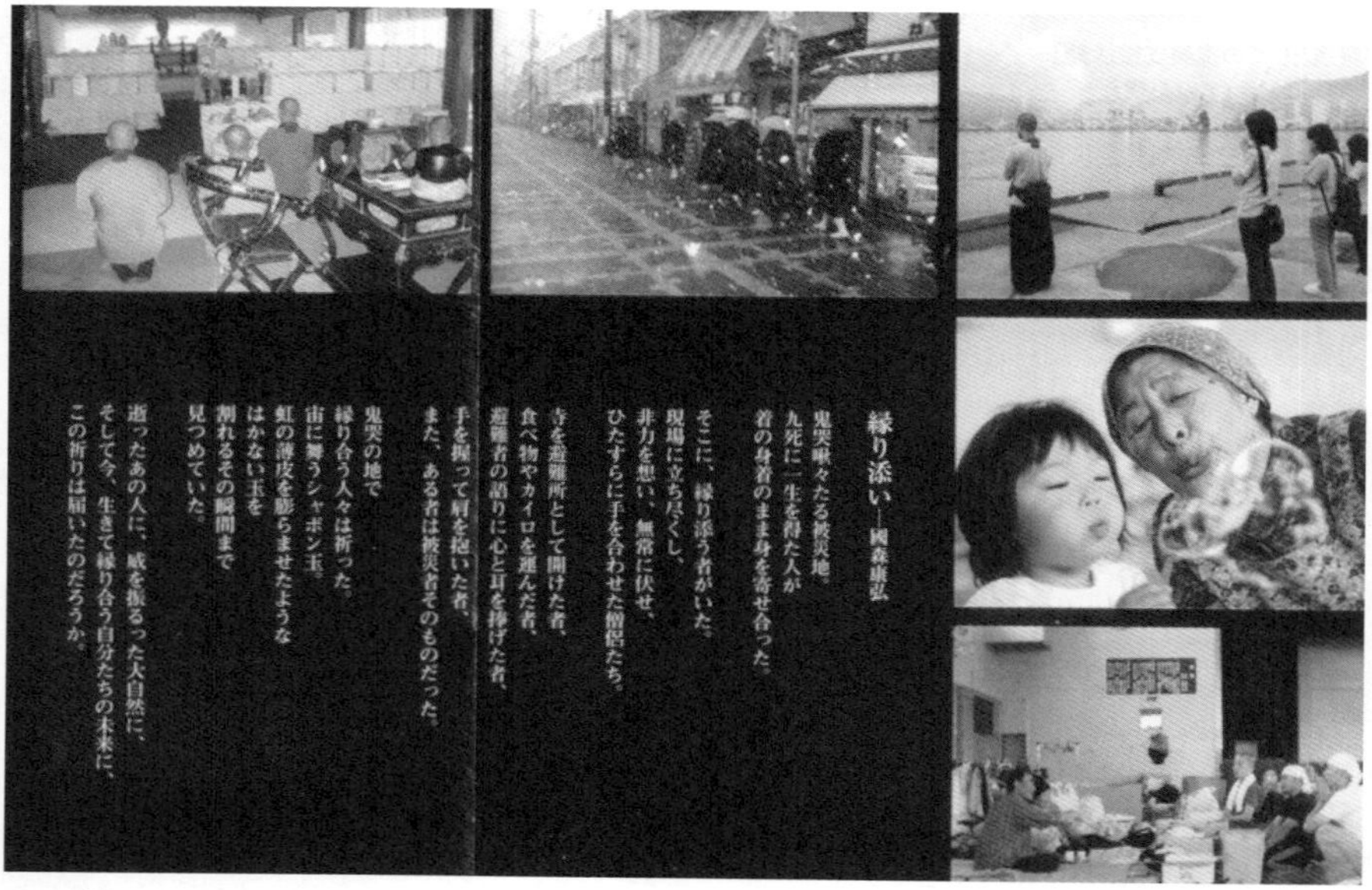

図5 「縁り添い」パンフレットより

黙ってそこにいることが大事だと言われています。「傾聴」という言葉で言われたりします。

ヘレンさんのお話では、クレオは寄り添う存在、人間よりも上手に寄り添うという存在だったのかなと思います。

この詩では、仏教に「縁」という言葉があるので、「寄」という字を「縁」という字で書いて、仏教的な意味を込めようとしています。

そういう中で、「心の相談室」ができました。宮城県宗教法人協議会が母体となり、東北大学宗教学研究室が事務局になりました。宗教・宗派を超えて被災者に寄り添う支援を志す団体です。宗教の立場からグリーフケアをやるといっても、一般の人は、「やめてください、宗教は」という反応が多い。「宗教はわたし、関係ないもので」という対応が日本人には多いですが、もし、宗教宗派を超えて、しかも信頼できる宗教だとわかれば、違うのではないでしょうか。宗教が大事だという気持ちはある。信仰心は大事ですかという質問をすれば、日本人は七〇パーセントぐらいの人がイエスと答えます。しかし、「わたしは〇〇教です」と言われると、何か怖いことをされるように思っている。

それに対して、「心の相談室」は、安心してケアを得られる新しいタイプのスピリチュアルケアです。宗教が主体でなくてもいいんです。ですが、宗教とどこかつながっている。哀しみの容れ物になるような文化をつらい人に伝えることを「心の相談室」で始めたことになります。

震災後の当初は、ボランティアでいろいろな宗派の人が遺体を茶毘《だび》に付しました。諸宗教、諸宗派が集まって構成されている宮城県宗教法人協議会の当時の会長さんは天理教の教会長さんです。宮城県には、以前から宗教宗派を超えたよいつながりがあったので、可能になりました。

「カフェ・デ・モンク」の活動

三・一一後に仙台の少し北にある栗原市のお寺の金田諦應さんというお坊さんが中心になって、「カフェ・デ・モンク」という傾聴活動を始め、ずっと行っています（**図6**）。

つながりが大事だということです。孤立すると人は弱い。つながりを作るには場が必要です。寄り添うことは、場を作ることで、つながりを回復することでもある。命の温《ぬく》もりが感じられる場所があることを形にするために工夫をしています。栗原のケーキ屋さんが作ったケーキを持っていって、おいしいコーヒーを飲みながら活動しています。

モンク（monk）というのは英語でお坊さんのことです。お坊さんのカフェですが、名称には「カフェで文句を言う」という、いいたいことが言えるような雰囲気を作るという意味合いがあります。

被災地をいろいろな宗派のお坊さんが行脚しています。キリスト教の牧師も天理教の方も一緒です。四十九日に際しても、みんなで行脚をしていました。

「カフェ・デ・モンク」では、「手のひら地蔵」という一〇センチぐらいのお地蔵さんを作って、仮設住宅などにいる人たちに選んでもらいました。いろいろな格好をしていて、年格好もさまざまで、男女があります。中にはバットを持っている少年のお地蔵さんもいる。お地蔵さんはだいたい子どものように見えますが、これは仏教の本来の教義を伝えようというわけではありません。みんなにそれぞれお地蔵さんを選んでもらって、渡して、名前を付けてもらう。そして、〇〇地蔵というように、亡くなった方の名前を付ける。こういうものを話題にしたりすると、心が震えてきて、哀しいことが話せるようになる。こういう雰囲気を作ったんです。

今も金田さんが「カフェ・デ・モンク」をこう言って紹介しています。

図6　カフェ・デ・モンク「河北新報」2012年5月26日より

"Café de Monk" はお坊さんが運営する喫茶店です。Monk は英語でお坊さんのこと。もとの平穏な日常に戻るには長い時間がかかると思います。「文句」のひとつも言いながら、ちょっとひと息つきませんか？お坊さんもあなたの「文句」を聴きながら、一緒に「悶苦」します。

この動きには岡部健先生というお医者さんが大きな役割を果たしてくださいました。病院を辞めて、自分で開業し、仙台地区の死の看取り専門の在宅ケアをしていた方です。仙台あたりで亡くなる方で、在宅で死ぬ人のかなりの割合の人は、岡部医院のお世話になっていました。

しかし、二〇一〇年に彼自身ががんになります。わたしより三つぐらい年下の方です。そして、震災に遭います。看護師さんの一人が、津波で取り残された高齢者のことを思い出して、そのお宅へ行って、家族とともに二階にその方を引き上げましたが、自分は間に合わなくて亡くなってしまった。そういう哀しい思いもされ、二〇一二年の秋に世を去っていかれた方です。この方が仙台におられて、宗教者による支援の必要性を説いたのです。

「カフェ・デ・モンク」ではこんな話が語られます。

窓際に鶯が飛んできて、「ホーホケキョ」と鳴く。するとある娘さんが、「あれはじいちゃんが最後の別れを言いに来たんじゃろうか」と尋ねる。金田住職は「そのとおりだよ。じいちゃんだ。命はみんなつながってるんだから、今度はトンボになって来るかもしれん。だから寂しがらんとね」と答える。

（北村敏泰『苦縁』二七二〜二七三頁）

岡部医師はお迎え現象を非常に重視されました。お迎え現象、亡くなった人がお迎えに来る。そのお迎えを経験した人は安らかに死んでいくことが多いといいます。仙台地区では亡くなっていく人の半分近くが家族や本人がお迎えを経験している。そういうことも岡部先生が明らかにしたことです。その話も、お迎えだけではなく、お別れに来るときもあるし、亡くなってから来ることもある。

さまざまなグリーフケアの試み

宮城県の被災地で西本願寺の若い僧侶の方々が傾聴活動として、外へ出てこない人たちを戸別訪問しています。藤丸智雄さんの『ボランティア僧侶』（同文館出版、二〇一三年）という本にその活動が紹介されています（**図7**）。集会所などに出てくる方たち、お茶やサロンに出てくる人たちはまだ大丈夫なんです。何を言われても出てこない人たちが一番危ない。孤立する。そういう人たちを戸別訪問する。戸別訪問はだいたいいやがられるんですが、そういうことをやりながら、なんとかグリーフケアをしようとしている。

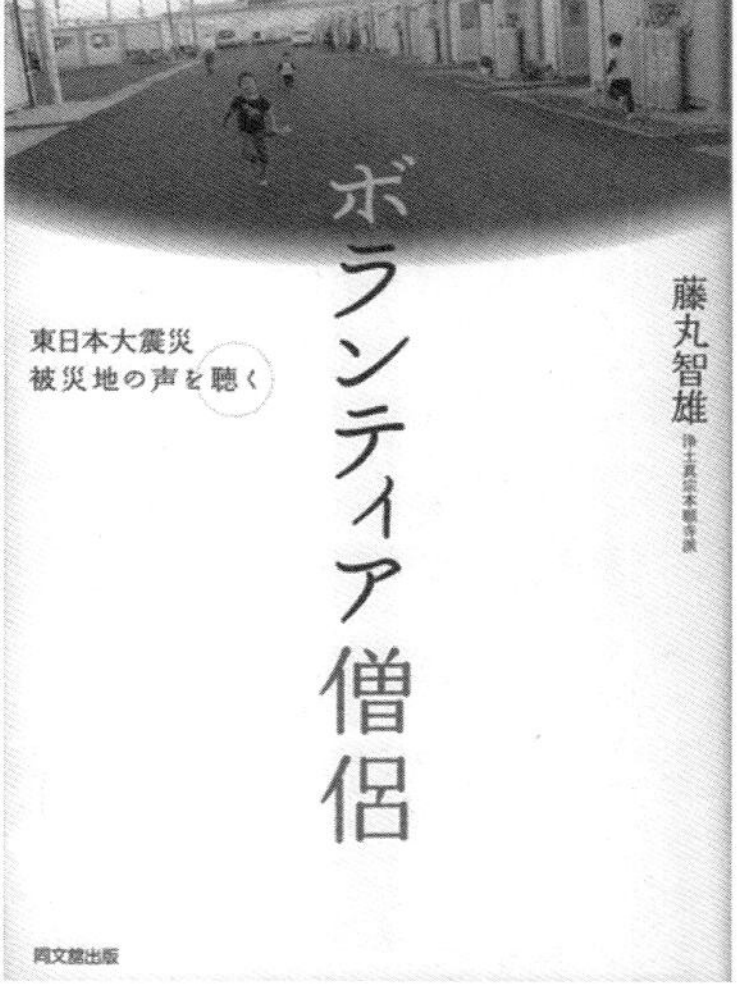

図7　『ボランティア僧侶』

彼らが親子を交えた「分かち合いの会」の活動で、子どもたちと遊んだ話があります。

　震災から五ヶ月後のことだ。子どもたちは会場となった学校で元気に遊び回る。「ゴキブリじゃんけん」という遊びを男の子たちに教えられ、金やんが仲間に入る。《じゃんけんに負けると、少しずつゴキブリになっていかなければならない。（中略）ゴキブリになりきった時点で、勝った側が「シュッ」とキンチョールの音を口真似し、負けた側が退治される。／負けた側は、ゴキブリのごとく、のたうち回らねばならない》。金やんは大熱演し、子どもたちの人気者になった。

金やんというのは金澤豊さんのことです。でも、こんなことをしていて本当に子どもたちのグリーフケアになっているのだろうかと悩みます。ところが、こういうことがありました。

　窓の外を新幹線が走っていくと男の子たちは窓の前に並んで見とれる。ゴキブリじゃんけんの遊びには入らなかった小学校低学年の男の子と金やんの間でそれとなく会話が始まった。

　「速いな〜」「おじちゃん、はやて乗ったことあるの？」「おじちゃん、京都から来たからな。はやても乗ったし、のぞみにも乗ったんやで」「すごいな、僕は、はやてに乗ったことあるよ」「そうかぁ」「お父さんと乗ったんだよ」「そうなんか」「お父さん、津波で死んだ」「……」「また、新幹線乗りたいな」

こういうお話が自然に出てくるのは、その前にゴキブリじゃんけんをやったりして、互いの間に温もりがあるからです。こういうのが大事だということから、寄り添いってなんだろう、あるいは傾聴って何だろうと考えます。ただ近くに行って、じっと耳を澄ませているということではないんです。

こういう反省をしながら、日本のグリーフケアは今、広がりつつあります。お坊さんたちはよく頑張っています。「分かち合いの会」が終わったあと、反省会が行われました。ケアにあたる側が、起こったこと、語られたことを報告し、話し合いながら振り返るものです。金やんは男の子のことを話し、「何もしてあげられなかった」と言い、「僕らはどんなことをしていけるんでしょうか」と問いかけました。それに応じてある人がこう言ってくれたそうです。

今日、子どもたちが帰るときに「ほなな」とか、「さいなら」とか言っていたんですよね。関西弁が楽しくて、覚えたのだと思います。たぶん、子どもたちは、これから関西弁を聞いたときに、金澤さんたちのことを思い出します。そうしたら、優しい人たちが京都から来てくれたことを思い出すと思います。そのことで、きっと温かい気持ちになったり、元気になったりできると思います。

このようにして若い人たちが、今、グリーフケアに当たろうとしています。そのための訓練が進められ、グリーフケアやスピリチュアルケアを行うための学びの場が広がっています。共通の資格の認定も始まって、「スピリチュアルケア師」の認定を日本スピリチュアルケア学会で行っています。

宗教の資格があるお坊さんや牧師さん、教会長の方が「臨床宗教師」という資格を取れる。そのようにして信頼できるスピリチュアルケア、グリーフケアの担い手を育てる活動が始まっています。

ごくあらましではありますが、グリーフケアの全体像と歴史、そして日本でどうなっているかということについて、解説いたしました。ご参考にしていただければ幸いです。

［ディスカッションⅠ］…

哀しみを抱きつつ、心を開いて

司会：安井眞奈美

島薗 進

ヘレン・ブラウン

安井 今回、シンポジウムのために、オーストラリアからお越しいただいたヘレン・ブラウンさんには、二〇一二年一〇月にグアム島で開催された第二〇回太平洋アジア女性会議という場で初めてお目にかかりました。会議に関わったグアム大学のレベッカ・ステファンソン教授が、会議の最初にヘレンさんのノンフィクションの作品である『クレオ』を渡してくれました。それをめくったときに、もしかしたらこの作品は大きな力をもっているのかもしれない、と思いました。日本に帰ってから、ぜひ日本語に翻訳して――わたしが翻訳するのではないのですけれども、出版できたらすばらしいな、と思いました。

その後、ステファンソン教授から、ヘレンさんをご紹介いただいたときに、わたしが英語でゆっくり、ゆっくり話をするのにきちんと向き合ってくださって、非常に感動した覚えがあります。特別なことを話すわけでもないのですが、話をしていると、もっと自分のことをヘレンさんに伝えてみたい気になりました。普段はあまりそういう気にならないのですが。

今回、日本語の『クレオ』を改めて読み直してみたときに、わたしは、たいへんな哀しみを抱いて生きているわけではないにもかかわらず、何か語ってみたいとか、物語を作ってみたいとか、そんな気持ちになりました。物語を読むことに加えて、自ら物語を紡いでいくことにも力があるのではないかと思い、いろいろな角度から、ヘレンさんの『クレオ』をもとに考えたいと思ったことが、今回のシンポジウムのきっかけでした。

島薗 会議の名前が面白いですね。どういう会議ですか。

安井 第二〇回太平洋アジア女性会議、The 20th Pacific and Asian Women's Conferenceです。

島薗 女性の会議で、哀しみ、グリーフも話題になったのですか。

安井 グリーフケアそのものは取り上げられませんでしたが、貧困、性暴力、教育、女性の自立など、アジアと太平洋地域の女性たちが抱えているさまざまな問題について、どういう解決ができるのかを考えようという集まりでした。

島薗 『クレオ』は読みました。ヘレン・ブラウンさんは、新聞にコラムをずっと書いている方ですね。非常に広い関心をもっていて、グリーフのほかにもいろいろな領域に関心をもっておられます。

安井 その会議には教育問題のパネルの基調講演者として招待されていました。次の世代にいかなるメッセージを送れるのか、教育を通してわたしたちに何ができるのかを語っておられました。

島薗 『クレオ』は猫の話なので、この本だけを読むと、この人は猫の人だと思ってしまうんですが。そういうわけではなくて、社会的な問題に関心をもって活動しておられる。この本は一七ヶ国語に翻訳されたと書いてありました。これはすごいですね。一七ヶ国語って何語かが想像がつかないような感じですが。中国語にもなっているのですか。

安井 もちろん、そうです。韓国語、ベトナム語、マレーシア語もあります。むしろ、これまで日本語に翻訳されていなかったことの方が不思議に感じます。ですので、なんとか日本語で出版したいと思ったわけです。

島薗 オーストラリア在住で、もともとニュージーランドの方だし、アジア・パシフィックの会議にも出られる方なので、アジアに親しみがあるでしょうね。

安井 ご本人、日本は今回が初めてで、とても楽しみにしておられました。

島薗 今はオーストラリアに住んでおられますけど、生まれはニュージーランドです。息子さんが亡くなったのもウェリントンというニュージーランドの町です。ニュージーランドと日本は近いとおっしゃっていましたね。

安井 同じ島国同士、似たような印象をもたれたのかもしれません。日本のさまざまな光景に、ニュージーランドの懐かしさを見ておられるようです。また行く先々で、シンポジウムに関わる多くの方々が、初対面にもかかわらず「ヘレンさん！」と親しげに声をかけてくださるので、たいへん感動しておられます。そのことも加わって、外国に来たというよりは、自分の懐かしい場所へ帰ってきた思いがする、とおっしゃっていました。

島薗　安井さんはニュージーランドやオーストラリアは親しみがあるのですか。

安井　まだ行ったことがないです。いつか行く機会があるだろう、と思っていたら、今になってしまった。フィジー、ニューカレドニア、ソロモン諸島、サモアなどは行ったことがあるのですが。

島薗　オーストラリアは日本と少し違っていて、ニュージーランドのほうが日本に近いと話されていました。島国ということもありますが、ニュージーランドはとてもきれいですよね。雪も降るし、山が海岸に迫っているところもある。なんといっても地震がある。オーストラリアの地震はあんまり聞いたことがない。ウェリントンはまた、ものすごく風の強いところなのですね。

ニュージーランドにはマオリという太平洋の島々の系統の人たちがいます。もしかするとアイヌやインディオの人びととも近いかもしれない。そういうマオリの人びとが、ニュージーランドではかなりの人口を占めています。

オーストラリアだとアボリジニと白人は分かれてしまったけれども、ニュージーランドはマオリと白人の混血がけっこう多いそうです。そういう文化に親しみをもっている。

安井　わたしは昨日ヘレンさんに、二〇一六年五月に開かれた太平洋芸術祭という、オセアニア全域の島嶼国や地域が参加する、四年に一度のダンスと芸術の大祭についてお話ししました。今回の太平洋芸術祭はグアム島で開かれ、二週間の期間中、オーストラリアのアボリジニの人びと、ニュージーランドのマオリの人びとも、独自のダンスやパフォーマンスを披露していました。マオリでは、基本は戦いのダンスです。非常に力強く、その迫力あるダンスで観客を魅了していました。

マオリの人びとに限らず、ダンスは本来見せるためだけにあるのではなく、自分たちのアイデンティティの一部という捉え方をしています。ダンスを通して、自分たちのアイデンティティを確認しつつ、またお互いのよさにも気づいて、オセアニア全域のまとまりを築いていこうというのが太平洋芸術祭のねらいです。ヘレンさんもたいへん興味をもたれていて、とくに芸術や自然、そういうものが、哀しみを癒していくときの力になるだろうということをおっしゃっていました。

島薗 ニュージーランドのラグビーは「オールブラックス」なのですが、マオリの踊りを踊りますね。

安井 もとは相手を威嚇するための闘いの踊りですね。ヘレンさんのご主人は非常にラグビーが好きで、そのことばかり言っているので、どちらかというとわたしは距離を置いていると、おっしゃっていました。

島薗 この本を読んでみると、キリスト教の雰囲気があまりないですね。

安井 本日はそれをぜひお伺いしてみたいと思っていました。『クレオ』の中で、息子を事故で亡くしたから教会にお祈りに行ったのよ、と書いてあれば、もしかしたら読者の中には距離を取ってしまう人もいたかもしれません。でも、ヘレンさんは本の内容を、「無宗教です」といった感じで書いておられます。それが、ノンフィクションの『クレオ』に、世界中の多くの読者がすんなりと入っていけるようにしている理由のひとつなのかもしれません。

島薗 グリーフケア、スピリチュアルケアは、宗教と地続きの部分と、宗教から離れてもできる部分とがあります。むしろ離れているからスピリチュアルケアや、グリーフの話をしたい、話ができるという両面があると思います。

数日前も日本スピリチュアルケア学会がありました。後半では現場でケアに当たっている方たちのお話がありました。最初に「カフェ・デ・モンク」の金田諦應住職の発表がありました。二人目が精神科医です。自傷行為、リストカットをしたり自殺未遂を繰り返すような若者の世話をして、薬物依存の人たちを専門にしている方です。この方は、どうも宗教やそういうものに関わるのはやめてほしい、といった感じでした。宗教が関わると、かえっておかしくなっちゃうみたいな感じです。

三番目にお話になったのは国立がんセンターで子どものがん患者の世話をしているシスターのキャサリン・ライリーさんという方で、この方のお話も非常に感動的でした。センターではだいたい一年に子どもが十何人かがんで亡くなるそうです。中には一〇年ぐらいずっと病棟にいる子もいるのですが、その子どもたちが、楽しいときはいかに楽しく暮らし、その最後のときをどう充実して生きているか、そのお手伝いをしているとおっしゃった。そのお話はやはり宗教だなあというようなお話でした。

わたしは、その精神科の先生が言うように、リストカットを繰り返すような若者に初めから宗教の話をしてもだめなんじゃないかなという気がした。ですから、場合によると思うんですけれども、そのへんの違いですよね。

おそらくオーストラリアだと、熱心なキリスト教徒が相当いると思うので、そのあたりは分かれると思います。ヘレンさんに伺ってみたいと思います。『クレオ』の愛読者は、あまり宗教に関わりのない方が多いかもしれません。

安井　そうですね。そうすると、『クレオ』が宗教にあまり関わりがないように書かれている分、余計に多くの読者に読み継がれていく可能性があるかもしれませんね。

島薗　この本は、とても哀しいお話ですが、哀しい部分は初めだけではなく、そのあとも、ある意味では哀しみがずっと続いている。クレオは哀しみとともにある猫なんです。クレオとともに、ヘレンさんの一生が慰めに満ちた一生として強く描かれている。その中で、弟ロブにもいろんな苦労がある。そのたびにまたサムのことが思い出されるけれども、明るく生きていける。その力を猫からもらったという、その明るさも、この本の一つの魅力だと思います。

安井　『クレオ』を読み終えたあとの爽快感は、作品のもつ明るさとか、希望とかそういうところから来ているのかもしれません。

（ヘレン・ブラウンさん登壇。会場、拍手）

安井　では、本日のシンポジウムに参加されたみなさんの質問をいくつかご紹介します。最初の質問は、「ヘレン・ブラウンさんは、どうしてそこまで心が強いのでしょうか？」というものです。これは、わたしもお伺いしてみたいです。息子さんの死から立ち直る、というよりは、それとともに生きてきたヘレンさん自身のご経験と、もう一つは、ご本人がジャーナリストでいらっしゃるので、『クレオ』の中にも描かれているように、どこかで冷やかに自分を見つめていくような視点を、最初から持ち合わせておられたのかもしれませんね。いかがでしょうか？

ブラウン　自分のことを、そんなに強いとは思っておりません。おそらく、あるとすれば、一つは田舎育ちである、大地に近いところで育ったこと。それから、ユーモアのセンスがあるということが関係しているかもしれません。涙を流してもニコニコするというイメージでしょうか。重要だと思います。

安井　どんなに哀しみの中にいても、最後は希望が見えてくるという、本日のご発表の中ですばらしいメッセージをいただきました。

ブラウン　東日本大震災のような、津波に襲われるという経験の場合は、状況や中身が違うかもしれませんが、わたしにとっては、人生はモザイクみたいなものので、必ずどこかに光が見つけられるものだと思っています。

安井　ありがとうございます。次の質問に移ります。島薗さんへのご質問で、「講演のタイトルになぜクエスチョンマークが付いていたのか、理由を教えてください」とあります。島薗さんにお願いしたタイトルは「グリーフケアの可能性」でしたが、本日の資料では「グリーフケアの可能性？」と、クエスチョンマークが付いていました。

ニュージーランド　タラナキ山（ヘレン・ブラウン撮影）

島薗　わたしは今、グリーフケア研究所の所長なので、グリーフケアにはすごい可能性があると言いたいわけです。でもみなさんの中には、えっ？　本当にそうかなと思う方もいるかもしれないということです。グリーフケアという言葉は最近になって急速に広まりました。東日本大震災、あるいはＪＲ福知山線の事故などが起こり、二〇〇〇年以降に、広まっている。流行もあると思うので、本当に根づくかどうかは、これからじっくりとみていく必要があるということです。

上智大学のデーケン先生が「生と死を考える会」を始めたのが一九八二年ころです。今も続いています。グリーフケアはそれとすごく似ているテーマです。グリーフケアという名前の集まりがあちこちでできているという状況が、これからもどれくらい続いていくのかということもあります。わたしとしては、おそらく長く続いていくと思っています。

安井　それと関連させて次の質問です。「グリーフケアを学ぶ、もしくは学びの輪に参加するといった場合、どのような方法がありますか」という質問です。先生のセンターに行けばよい、というお答えでよろしいでしょうか（笑）。

島薗　インターネットでグリーフケアという語を検索すると、あちこちで集まりがあると思います。グリーフケアという名前を掲げていないものもあると思います。自死遺族の集まりとか、「With ゆう」のような集まりもあります。

「Withゆう」は、グリーフケアと掲げられていますか？

佐藤　掲げていないです。

島薗　「Withゆう」は、グリーフケアを掲げていないわけですね。交通遺児の会や、子どもが交通事故で亡くなったお母さんたちによる、「命の展示会」があります。そういう活動は口コミではないと伝わらないところがある。いろいろなアンテナを張って、そういう本や会や講演会があるかどうか探していくと見つかったりします。求めているものに、そういう人たちが出会うんです。

安井　本日「Withゆう」の方がたもいらっしゃっています。代表の佐藤由佳さんは、仙台のシンポジウムにて、「流産・死産に向き合う」というタイトルのご発表をなさいました。いろいろな方がたのアンケートから、どんなふうに苦しかったのか、どんなふうに向き合っていったのか、そういうお話を詳しくご紹介いただきました。

仙台のシンポジウムには、看護師をめざす若い学生さんや大学生のみなさんがたくさん来られました。「Withゆう」のような活動をしている人たちがいる、と知ったことが大きな収穫でしたと話しておられました。

次の質問に移ります。ヘレンさんにお伺いします。「主人を突然亡くして四年、時どき涙が出てしまうことがあります。これから遺された人に対するグリーフケアに携わろうと思っています。自分自身が完全に戻っていないと頭でわかっている状態なのに、やっていけるかどうか不安です。阪神・淡路大震災、ＪＲ福知山線の事故なども体験しました。時ども襲うさみしさを払拭するために、できることなど教えてください。哀しみを払拭するために」。

ブラウン　いただいた質問の意図が、哀しみを乗り越えるということであれば、山のように登って、向こう側に辿り着くようなものではないと思います。おそらく乗り越えるものでもない。払拭というよりは、哀しみを抱いたまま、心を開いていられるようになるのを目指していくことがよいかと思います。子どもたちが親から離れていくときにも、大きな哀しみを抱くのですけれども、それは成長につながっていく。非常に印象的だったのが、私たちが成長し続けることを心がけていると、そこから力を得られる、という側面もあることだと思います。

安井　そうすると、この方は、そんなに心配しなくても、哀しみを抱きつつ、グリーフケアに携わっていかれればよいということでしょうか。島薗さんもそのようにおっしゃるかもしれません。

島薗　海援隊の卒業の歌、「贈る言葉」、「暮れなずむ町の

〜」で始まる歌に、こういう歌詞があります。「人は哀しみが多いほど　人には優しくなれるのだから〜」。

逆に言うと、そういう優しい気持ちをもてるということは、ご発表の中で勇気とおっしゃいましたけれど、哀しみを抱え込んでいけるような膨らみが、自分の心にあるから優しくなれると考えることができます。しかし、明るくなれるのはグリーフワークをやった自分の心の中で、哀しみが通り過ぎていくからでしょうか。通り過ぎていくといっても、払拭ではないとヘレンさんはおっしゃいました。私もそう思います。克服とも違う。哀しみとともに生きていける力が備わってくることだと思います。

安井　同じようなコメントもたくさんいただいています。この質問をされた方が「Withゆう」の方がたとお話をされると、おそらく、これまでとは違ったものの見方に気づいたり、心も晴れたりすると思われます。

次の方のご質問です。「子どもを失っても日常を送っていかなければならない中、時どき押し寄せる深い哀しみ、絶望感、希望が見いだせないといった感情の波にヘレンさんはどう向き合い、どのように心を落ち着かせられたのでしょうか?」。但し書きがあって、「宗教的なこと以外でお願いします」とあります。

ブラウン　その日常というもの、とくに日常のやらなければならないこと、どうしても向き合わなければならないものがあるおかげで、現実に戻れることがあります。そういうものに引っ張られて日々の生活に戻ることができる贈り物もその中にあると思います。とくに、わたしは息子を亡くした半年後ぐらいのときに感じました。一日にやらなくてはいけないことをやり遂げた夜に、今日も生き残れたんだ、生き抜くことができたんだと、静かに心の中で自分にちょっと勲章を与えたい気分、というのがあった日もありました。

安井　続けての質問です。「子どもを失った哀しみは、何年経っても消えないと聞きます。何をしても心から楽しい、幸せと思えない、そういう厳しい状況は、何年経っても変わらないのでしょうか」。もう一つ、「年月が経つにつれ、どのように変化してゆくのでしょうか」。

ブラウン　今、思い出したのですけれども、あるとき、自分に問いかけをしたんです。流した涙は、もうバケツ一杯分ぐらいなのか、五〇杯分ぐらいなのか、どのぐらいだろうかと。おそらく、そういうバケツ何杯分ぐらいというような疑問が浮かばなくなる、どのぐらい哀しんでいるのかを重さとか量で考えなくなったときから、だんだんと軽くなっていく。そういうことではないかと思います。

サムが亡くなったときには今のような話を知らないわけですから、周りの人に「いつまでこれは続くの？　この痛みはいったい何日まで感じなきゃいけないんですか？」と訴える自分がいました。何度もそういった質問を人にぶつけました。

安井　ヘレンさんは、グリーフケアが現代のように広まる以前に、自らグリーフワークを行って、さまざまな気づきを得られたわけですね。

別の方の質問です。「クレオはグリーフについて、哀しみについて、それがどういうことであるかを知っているようでしたか？」という質問です。

ブラウン　わたしの経験では、動物は本当に哀しみについて十分理解している気がします。クレオもそうです。当時、ゴールデンレトリバーを一匹飼っていましたが、サムが亡くなった日からずっと哀しそうに、彼の寝室の前にたたずんで、そこから離れたがらないのです。その犬に、サムは死んだよという説明もできないわけですが、彼はわかっていたし、非常に哀しそうにしていました。

安井　とりわけ家族と同じ屋根の下で暮らしている動物たちは、ペットという範疇を越えて、まさに家族として哀しみを共有しているわけですね。

同じ方の質問です。「オーストラリアにも自助グループ、ケアのグループはあると思いますが、そういったところに自ら参加された経験はありますか？」。

ブラウン　自分が知っている限りでは、当時はそのようなグループはありませんでした。あとになって、そういうグループに呼ばれて、お話をしに行ったことはあります。わたしの場合は、同じような経験をされた方たちからの手紙を受け取ることができました。それが本当に心の支えになりました。自助グループの前ぶれのような形で、彼らの気持ちをいっぱいいただきました。

安井　ヘレンさんは猫のクレオや、今おっしゃった読者からの手紙を支えにして、自らがいろいろなことを経験し、進んでこられた。これをグリーフワークと呼んでいいのかを島薗さんにお伺いしたいと思います。当時はまだ、グリーフケアのグループがなかったであろうことを考えると、確かに、ヘレンさんは強い、という印象を受けます。

島薗　クレオは二四歳で亡くなりました。ものすごく長生きの猫ですね。『クレオ』は、クレオの一生が書いてあるような本で、その最初に哀しみがありますが、それから長く時間が経っています。最初のころは、ヘレンさんはまだ二〇代だったと思います。でも、新聞にコラムを書いていらっしゃった。『クレオ』の中には、コラムに書かれたものを二五年後に、もう一回改めて書かれたものも含まれているのではないかと想像しています。そこを伺いたいです。

　サムが亡くなって、早い時期にコラムにそのことを書かれたので、それを読んだ読者から反応があって、それが自助グループの役割を果たしたのだと思います。新聞の読者からいろいろな手紙が来たという反応は、この本になってからではなく、サムが亡くなってそれほど時間が経っていない早い時期のことですね。

　それから、ご発表の中で勇気とおっしゃいました。ご自分のお子さんが亡くなったことをコラムに書かれたことについてはいかがでしょうか。

ブラウン　今思い出すと、当時は死について語ることがほとんどない時代でしたから、新聞に、自分自身の子どものことや子どもの死について書いても、おそらく出してもらえないのではないかと心配していたことを覚えています。でも、日常に戻ることにもつながってきますが、私の日常はもの書きです。ものを書くことが自分の仕事ですから、書くしかない。じゃあ、何を書くかということで、結局、そのことを書くしか自分にはなかったんです。

　そのころの読者の一人が、すぐにではなく、その何年もあとにわたしに手紙を書いてくれました。その男性は、同じニュージーランドのクライストチャーチに住んでいました。そして、「実はその事故であなたの息子の死を目の当たりにして、彼とずっと最期まで一緒でしたよ」、という内容でした。この方が、わたしに手紙を書いて送ってくれた理由は、「あなたの息子は一人ではなかった。最期のときには僕がいたから、見届けることができましたよ」ということだと思います。ただそれだけを意図して、すばらしい方が手紙を書いてくれました。

安井　新聞のコラムに書かれたから、そのようなすばらしい手紙が届いたのですね。

島薗　『クレオ』には、「実は、車でサムをひいてしまった女性に対してわだかまりがずっとあったけれども、心が清められるようなことがあった」と書いていらっしゃいます。

ブラウン　赦しですね。島薗さんのお話にもあったかと思います。事故が原因となった場合に誰かを責めたいという気持ちが、多くの場合は出てくると言います。わたしには心の余裕がなかった。自分の人生が台無しになってしまっている、ということばかりを考えていたんです。けれども、彼女の人生にも大きな影響があり、台無しという言い方をあえてするなら、彼女もそうなってしまっていたと理解できる心の余裕がもてるようになるには、何年もかかりました。ほんとうに彼女に一度会ってみたいと思ったんです。そのとき、お互いに赦し合うという意味で、抱きしめて、大丈夫、赦します、と言いたかったのです。

これが唯一の、このお話の中での大きな心残りかもしれません。いろいろな形で『クレオ』も世に出しているし、その方に会いたいなという気持ちも発信しています。彼女が現れてくれたらいいなあと、今でも願っています。

安井　赦しという心の余裕がもてるようになるまでの年月の重みを感じます。ヘレンさん、島薗さん、いろいろな質問に答えていただいて、ほんとうにありがとうございました。これでディスカッションを終わらせていただきます。

（本稿は、二〇一六年九月二二日に東京天理ビル九階ホールにて開催した連続シンポジウムII「グリーフケアを身近に」のディスカッションに加筆したものです）

通訳：スキップ・スワンソン

第2章　子どもの死に向き合う

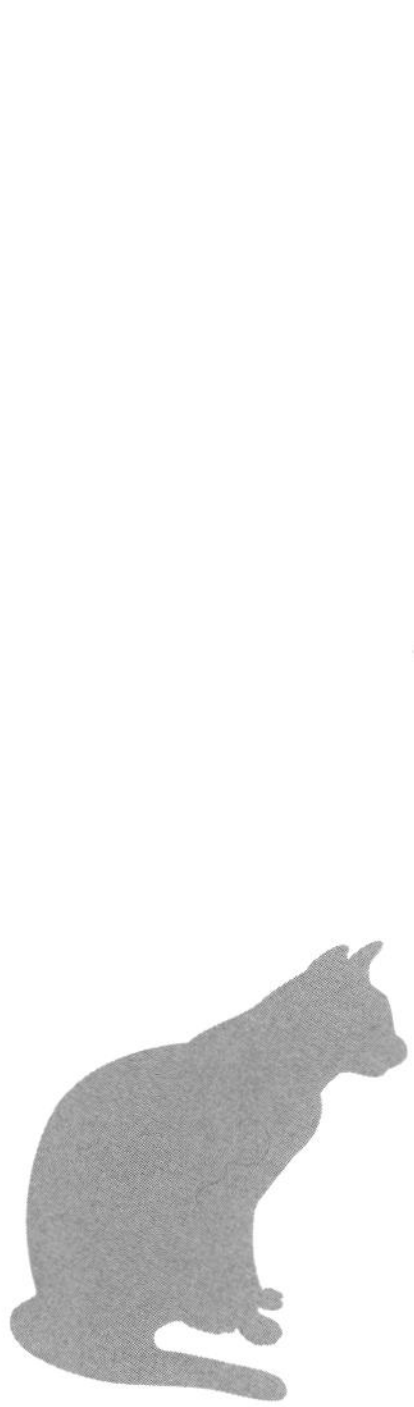

子どもの死を考える

鈴木岩弓

死者と生者の接点

本稿では、「子どもの死」がテーマとなる。「子どもの死」を考えるに際し、改めて留意しなければならない点は、死は、子どもにだけ訪れるものではなく、現在生きているあらゆる人間に訪れるという点である。ならば、ここで子どもに特化して死を取り上げて考える目論見《もくろみ》は、いったいどこにあるのだろうか。以下、死者一般において現れてくる問題に留意しながら、子どもの死を考える際のポイントを検討しよう。

東日本大震災の起こった二〇一一年三月、福島県相馬市南部の海沿いに広がる磯部地区は、地震直後に来襲した津波によって集落が壊滅した。浜辺に平行して南北に細長く広がっていたこの集落は、北端にある漁港と南端の小高い丘を結ぶ一本の道を挟んで、両側に広がっていた。南端の丘の上には地区の氏神となる寄木神社があり、一週間ほどに及ぶ御遷宮の祭典を調査した二〇〇七年三月には、山車《だし》の巡行とそれを見ようと集まってきた集落中の人びととで、狭い道がごった返していたことが思い出される。しかし震災後の現在、道の両側には建物の土台が残るのみ。二五一名の人びととともに、集落は消滅してしまった。

地区西の内陸側を走るバイパスの先の高台には、子どもたちが通っていた磯部小学校がある。その校庭の一角には、「慰霊の像」と銘打たれたランドセルを背負った男女児像が建立されている。東日本大震災の大津波の襲来によって地域が消滅した際、児童一一名と幼稚園の園児も一名犠牲になったからである。

像の基壇には、「ともに学び　ともに遊び　ともに歌い　ともに語り　ともに過ごした日々　一二名の　友がいたことを　永遠に　忘るることなく　永遠に　語り継ぐ　この地ある限り……」と記されている。その裏面には、犠牲者の名前が刻まれているのだが、学年順に彫られた犠牲者の名前が一行分、不自然に空いているのが気にかかる。この点を石像建立に携わった方にお聞きしたところ、一二名の犠牲者全員の名前を学年順に碑に彫る予定でいたが、犠牲となった一人のお子さんのご両親から、「ここに子どもの名前は書いて欲しくない」というお話があったという。この部分、いまだに変化がない。建立した当時を知る人は、いずれ理解してくれて、みんなと一緒にここに書いてもらえるようになるだろう、と言われてはいたのだが。

子どもの死者にだけ限られたことではないが、死者に対する〝想い〟はそれぞれの事情によって異なっており、多様な形をとる。一元的にこういうものだという議論がとても成り立たない。そう考えたとき、最初に整理しておきたいのは、そもそもわれわれが考える「死者」とは、いったい誰かという点である。われわれは「死者を想う」「死者を忘れない」などというわけだが、そのとき想定する「死者」とは誰のことであろうか。これを整理してみると、とりあえず二通りの死者を想定できることが明らかになる。

一つ目は、「意味ある死者」。「意味ある死者」とは、家族や親族、知人といった、その死者を想

福島県相馬市立磯部小学校校庭の「慰霊の像」

「慰霊の像」の台座裏面

い出す人にとって何らかの意味をもっている死者である。換言するなら、特別な〝想い〟をもって想い出す具体的な故人である。これを、死を人称別に類型化したジャンケレビッチを参考に言い換えるなら、「二人称の死者」ということになろう。それに対してもう一つ、これはわれわれが新聞やテレビ報道から知る事故や殺人事件に出てくる死者である。また道端の墓地に埋もれている死者というのもこれで、自分にとっては親しい人でも何でもない、いわば「一般的死者」「三人称の死者」とまとめられる死者である。以下、われわれにとって〝想い〟のある、「意味ある死者」について考えてみよう。

生の儀礼と死の儀礼

そもそも、われわれは「死者の記憶」をいかなる機会に確認するのであろうか。もちろん、いつでもどこでであっても、死者に対する〝想い〟を心に念じるといった方法で死者と生者のつながりがなされることがあるのは確かである。しかしそうした心の内面における観念レベルの話は、他者がその事実を把握することは不可能である。そうした死者に対する観念にもとづき、供養・慰霊・追悼・顕彰などといった行為、一言で言うなら死者に対する何らかの「儀礼」が行われることで、それを通じて死者と生者のつながりの客観的把握が可能となる。以下では、そうした儀礼にもとづく死者と生者のつながりを考えてみよう。

儀礼は、限定された〈意味ある空間〉で〈意味ある時間〉において行われることが常である。たとえば「仏壇」「墓」「寺」といった場所で行われるのは、「意味ある死者」の位牌・過去帳・遺影、あるいはその死者の遺体や焼骨といった死者自身をシンボリックに表すモノがそこに収められているからである。死者のシンボルがあるがゆえに、そこにおいて「意味ある死者」と関わりをもつことができるのである。また「死亡場所」も、死者と生者の接点となることがある。山岳遭難者の慰霊碑や交通事故の地蔵が建つ場所は、そうした死者個人の最期の地として〈意味ある空間〉である。さらに各地に散在する「霊場」と呼ばれる場も、死者と生者の接点として看過できない。青森県の恐山や、山形県の山寺立石寺など、霊場は一般に死者の霊魂が集まるといわれることが多く、そこで死者と出会うことができるという社会的通念が前提されているのである。

では、〈意味ある時間〉についてはどうであろうか。特定の時間に死者との交歓がなされるとする場合、一つは「命日」、あるいは命日と月は異なるものの同じ日にちである「祥月命日」が意味をもつ。これは死者個人に由来する日であって、特別な意味が付与されているのである。またもう一つ、「年中行事」も〈意味ある時間〉として重要である。具体的に言えば彼岸やお盆、あるいは終戦記念日だったり、東日本大震災の起こった三月一一日だったりと、これは社会的に意味が共有されて、毎年このときに行事がなされている。

　以上のように、われわれが死者と出会って儀礼を行うのは、何らかの意味で限定された空間、限定された時間においてのことである。かかる条件が前提されるからこそ、そこで儀礼を行うことに明確な意味が付与されるのである。日本文化の中に見られるさまざまな儀礼は、その目的から

生の儀礼と死の儀礼

生の儀礼	経過時間	死の儀礼
〈誕生〉	0	〈死亡〉
お七夜	1週間	初七日
初宮詣	30日頃	
	35日	五七日
	49日	七七日
百日	100日	百ヵ日
初誕生	1年	一周忌
七五三	3年	三回忌
七五三	5年	五回忌
七五三	7年	七回忌
十三参り	13年	十三回忌
女の生涯の大厄	33年	三十三回忌
男の生涯の大厄	42年	
	50年	五十回忌
還暦	60年	
古希	70年	
喜寿	77年	
米寿	88年	
白寿	99年	

「生の儀礼」と「死の儀礼」に大別することができる。この世で生きていく際に、少しでも良い方向に進んでいくようにという、いわゆる「現世利益」の祈りが前者で、後者は亡くなった人びとに対する「死者供養」の祈りである。そうした二種の儀礼を具体的に思い返すと、それぞれで行われている儀礼相互の時間的間隔が、非常に似通っていることに気づくであろう。「生の儀礼」では、生まれて七日目にお七夜、一〇〇日目には百日《ももか》の祝いとなるのに対し、「死の儀礼」では、人が亡くなって七日目に初七日、そして一〇〇日目には百カ日《ひゃっかにち》が行われる。また初誕生・七五三・十三詣りに対しては、一周忌・三回忌・五回忌・七回忌・十三回忌とある。このように、「生の儀礼」と「死の儀礼」は、事が起こってから儀礼を行うまでの時間的間隔が非常に似通って行われているのである。

　こうした事実は、どのように考えたらいいのであろうか。民俗学者の坪井洋文は、次頁（七二頁）のような図を使って説明する。

　数学の座標面を表す言い方に倣うならば、第一象限のx軸のスタートのところ、ここが「誕生」で、反時計廻りに時間は推移する。誕生以後の時間経過の中、赤ん坊のための儀礼はかなり〃密〃に行われていることが示されている。

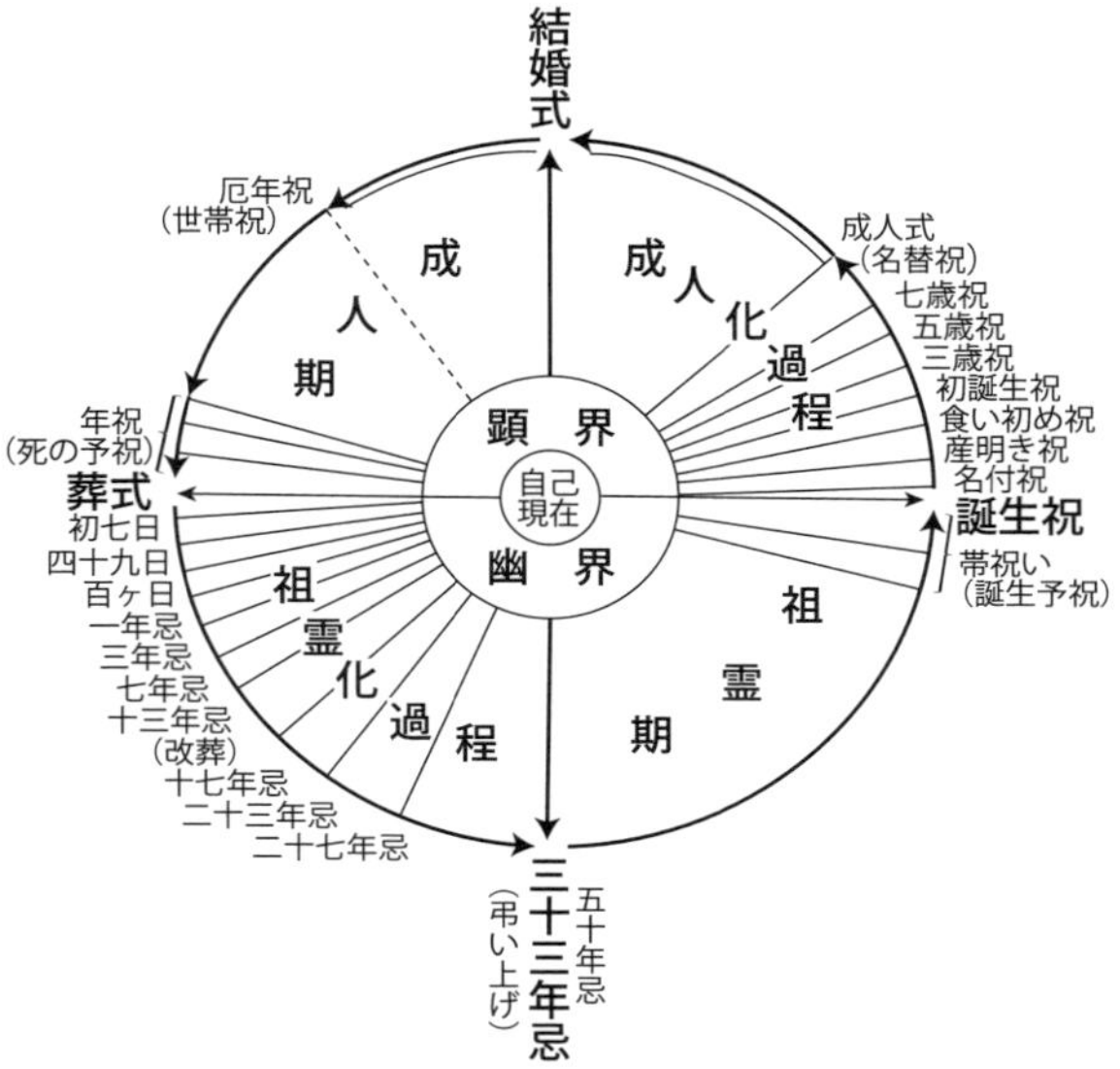

生死過程の儀礼化（出典：坪井洋文「日本人の生死観」『民族学から見た日本――岡正雄教授古希記念論文集』河出書房新社、1970年、19頁）

こうした儀礼は、ｙ軸に至り「結婚」を迎えると、以下第二象限では厄年・歳祝いなどを除くとあまり目立つ儀礼は行われない。そうした人が「死」を迎えたｘ軸の左端のところからは、死後の儀礼は第三象限において〝密〟に見られる。これが「弔い上げ」を迎えるｙ軸と出会うと、以後第四象限ではあまり儀礼は行われない、というように、時期によって儀礼の実施状況に濃淡が見られるのである。

第一象限と第三象限にあたる生まれたての時期と、死んで間もなくの時期には儀礼が頻出するのに対し、結婚後そして弔い上げ後は儀礼が極端に減るのはなぜだろうか？この点に対し坪井は、儀礼の多く行われる時期を霊魂不安定期と見做し、残された人々が不安定な霊魂を落ち着かせようとする機会だと理解する。葬式後、七日ごとに、続けざまに儀礼があるのには理由がある。死んだことを自覚しない霊魂に、あなたは死んだんだよとわからせる。一方でたび重なる儀礼を通じて、遺された人々も自分の身近な人の死を理解し、受け入れていく。それがグリーフワークなのである。その意味から、霊魂不安定期こそ当事者と親しい人びとが儀礼を通じて霊魂の安定を図り、死者の記憶を新たにする機会なのである。

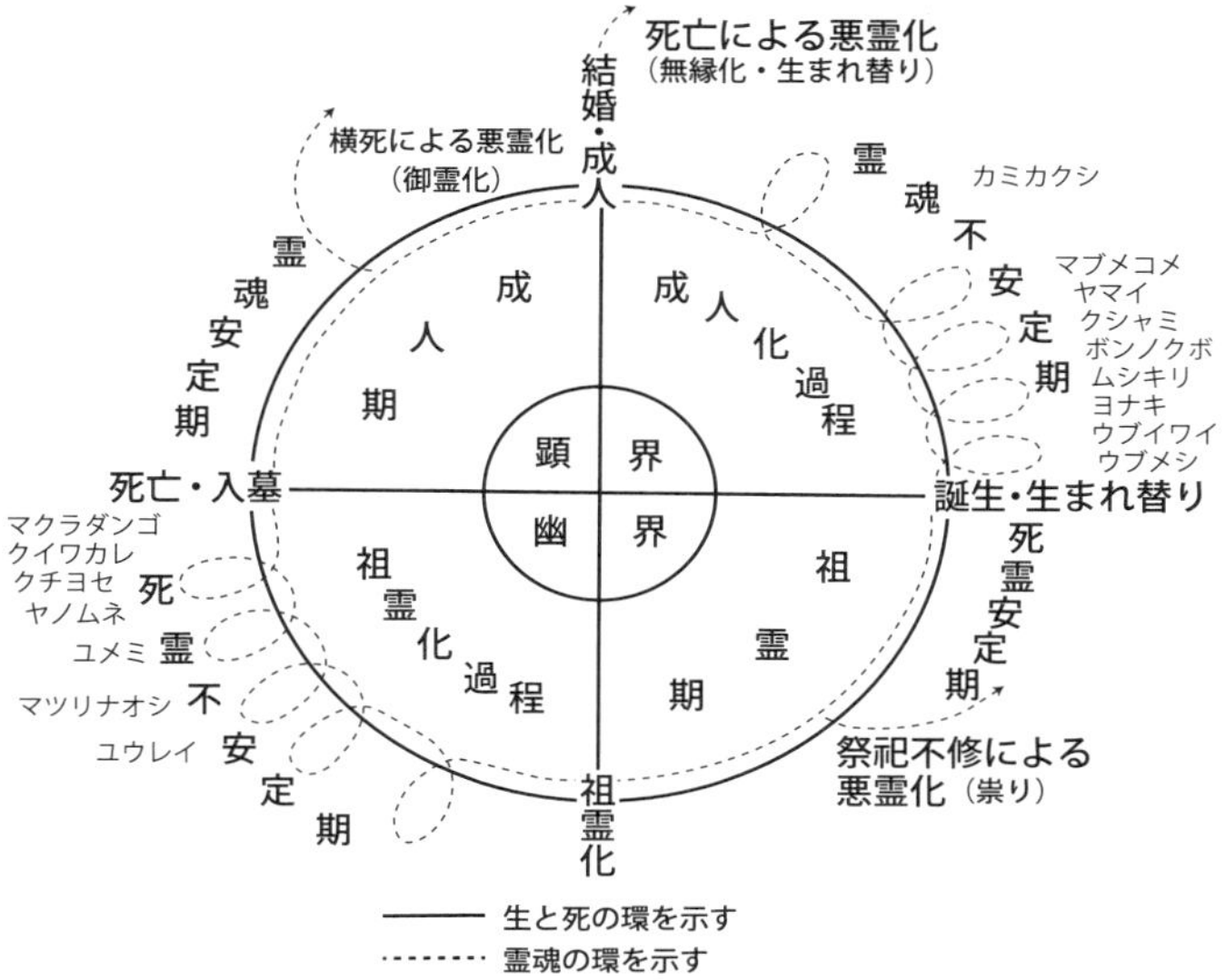

死生観を示す霊魂の諸過程（出典：前掲書、20頁）

死者の記憶

磯部小学校の慰霊碑と同様、東日本大震災の犠牲者のための慰霊碑の中には、「あなたを忘れない」というメッセージが刻まれていることをしばしば目にする。こうした表現の裏には、自分のことも想定して、死者は時間とともに忘れられるのではないかという不安をもつ人が少なくないことが示されていよう。とはいえ、死者の記憶、ある人がかつては生きていたという記憶は、はたして永遠に伝えられていくのであろうか？　たとえば、自分の先祖を考えたらどうであろう。今生きているわれわれには、間違いなく鎌倉時代にも今のわれわれにDNAを伝えてきた生物学的先祖がいたはずである。とはいえ、そうした先祖の名前を記憶して生活している人など、まずお目にかかることはない。つまり、長い時間経過とともに、亡くなった人に対する記憶は、この世から消えてしまうのが常なのである。

おそらく、そうしたことはわかっていながらも死者の記憶にこだわること、これをどのように考えたらよいのであろうか？　この問題を考えるため、死者に対する追慕の記憶保持のメカニズムについて考えてみよう。

死亡直後の死者は、その人を知る人びとの記憶においては、生き生きとした声や姿をもった固有名詞で留められている。しかしそうした記憶も、死後の時間経過とともに、残された人びとがその人の死を受容していく中、次第に希薄化してくる。「去る者は日々に疎し」である。

また死者に対する儀礼として執り行われる法事も、最長でも死後五〇年の五十回忌、もう少し早いと三三年の三十三回忌をもって終了するのが常である。これが、「弔い上げ」と呼ばれる個別死者に対する最後の法事である。弔い上げ以降、固有名詞をもった個別の死者のための法事はなされなくなる。それと同時に、その死者はそれまでの固有名詞を捨てて「先祖」という集合名詞で呼ばれることになり、脱個性化される。こうした弔い上げの習俗は、わが国の死者の記憶保持を行う文化のなかに、絶妙なメカニズムを構築してきた。つまり、弔い上げを契機に、死者の記憶は固有名詞ではなく「先祖」という集合名詞に転じて継承され、「先祖」と言いさえすれば、固有名詞の記憶は不問のままにその死者の記憶は保持されていることになるからである。

さらに、死者の記憶について考える際に忘れてならないことは、対面経験の有無である。おそらく、この点は子どもの死を考えるときにも重要なポイントとなろう。一般論として、この世で実際に出会って交流したことのある死者とそうした経験のない死者とでは、距離感に違いがあるのではないだろうか。対面経験があるかないかで、〝想い〟に濃淡が生じるのである。そうした親愛の情があり、かつ対面経験があった死者は、「二人称の死者」となる。とはいえ現実には、親愛の情はあるけれども、対面経験のない死者もいる。たとえば、私は父親の祖父のことを知らない。私が生まれる前に亡くなっていたからである。私からすれば曾祖父になる父の祖父は、血のつながりのある多少親しい関係でありながら、対面経験をもたないため「二人称の死者」ほどの〝想い〟があるわけではない。しかし曾祖父は、わが家の系譜に連なるかつて生きていた先祖である、と考えるなら、これを「三人称の死者」と言って突き放すわけにもいくまい。つまり「二人称の死者」以下ではあっても「三人称の死者」以上となる死者なのであって、ここでは、そうした微妙な親密感をもった死者を「二・五人称の死者」と呼ぶことにしたい。

実は死者と生者の関係を考える際、スタティックに「二人称の死者」と「三人称の死者」と分けてしまうと、死後経過時間の推移によって変化していく死者の記憶の動態を把握することが困難になる。例に挙げたようなこの世で重なってはいないイエの先祖はもちろん、「犠牲者」と呼ばれる震災被災者、「英霊」と呼ばれる戦死者などは、いずれも「二・五人称の死者」なのである。こうした「二・五人称の死者」を生み出してきたメカニズムは、まさに「二人称の死者」の記憶を「三人称の死者」あるいは「一般的死者」として忘却の彼方に送り込まないよう、生者の間につなぎ止めてきた装置と考えることができる。

もちろん、悠久の時間の中では、死者の記憶は最終的には忘却の彼方に消滅することになる。とはいえ「二人称の死者」に対する記憶が希薄化してきた際、そうした実情を踏まえつつもその死者の記憶が即座に「三人称の死者」となることを忌避する、対面経験はないものの〝想い〟をもつ人々によっても記憶保持がなされる「二・五人称の死者」として記憶を継続させようとする文化が、日本の中には流れているのである。換言するなら、死亡直後の「二人称の死者」は最終的には忘れ去られるものではあるが、その死者を知っている人の死亡とともに即座にこの世の中から忘れられるのではなく、いったんは「二・五人称の死者」という段階を経、その後に「三人称の死者」となって人びとの記憶の中から消滅するという流れが期待されているわけである。死者が人びとの記憶の間から忘れ去られることに不安をもつ人びとにとって、「二・五人称の死者」という段階は重要な意味をもつのである。

現代社会における子どもの死

厚生労働省の「人口動態統計」をもとに近代以降の日本の死亡統計をまとめてみると、以下のようになる。この統計からは、一四歳以下の死者数が、大正時代をピークに減少し始め、統計的に言うなら今世紀にはほとんどいないといった状況が明らかになる。

またさらに「人口動態統計」をもとに、一九二〇年と二〇一五年の五歳刻みの死者数をグラフ化してみると、次頁(七六頁)のようになる。

これより、日本人の死に方が、この一〇〇年ほどの間に大きく変化していることが明らかになる。大正年間の一九二〇年の死亡者は、死者全体の三六・四パーセントを四歳未満の子どもによって占められていたのである。ちなみに、他の年齢層では、どこもほぼ五パーセント以下。こうした実情から、五歳以上では若かろうが年を取ろうがことさら死が多い年齢はなく、どの年齢であっても死は訪れる可能性があるということから、常に死を意識して生きていけ、といった意味で「老少不定」という言い方がなされていた

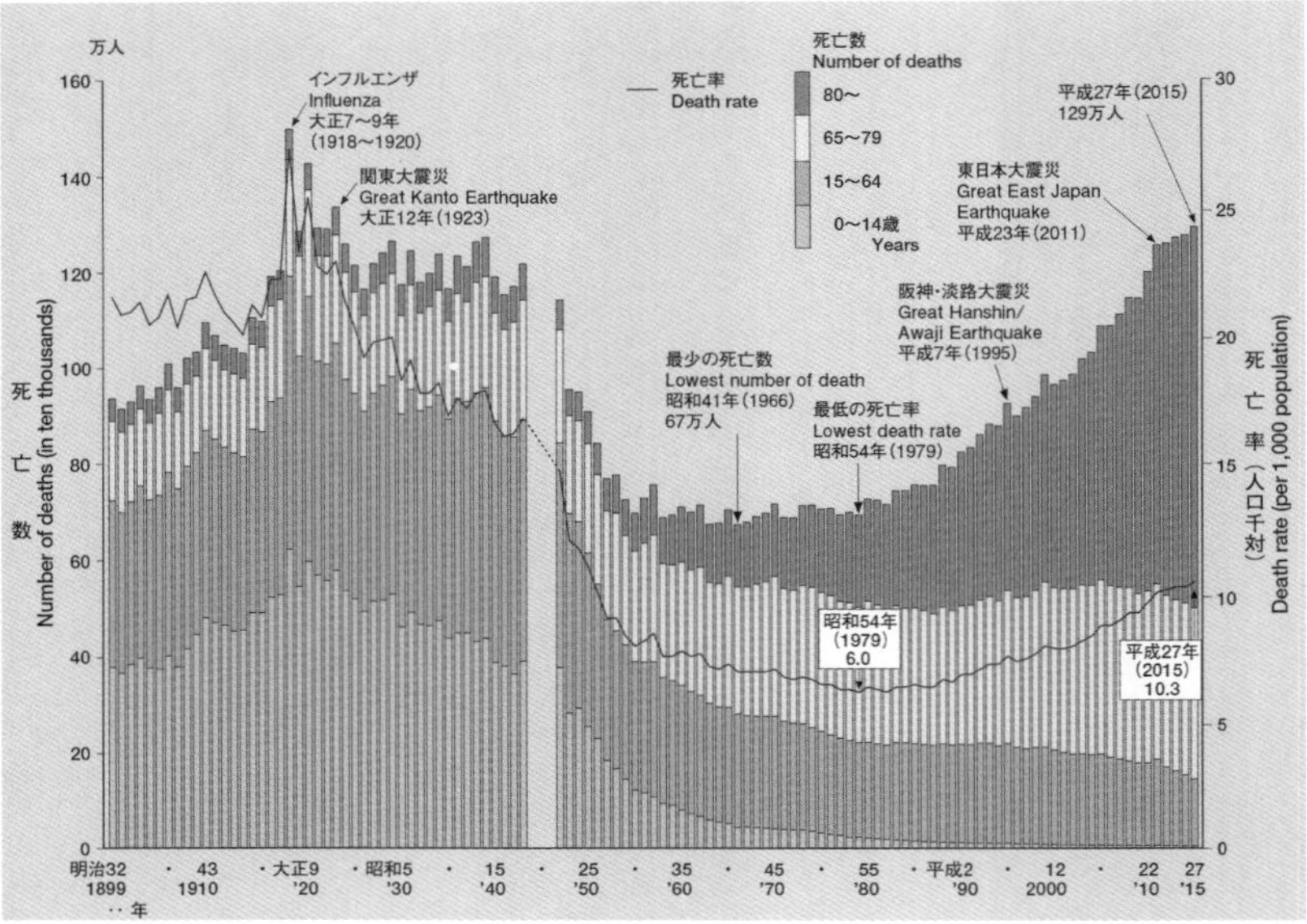

死亡数及び死亡率の年次推移——1899 ～ 2014年（出典：厚生労働省人口動態統計）

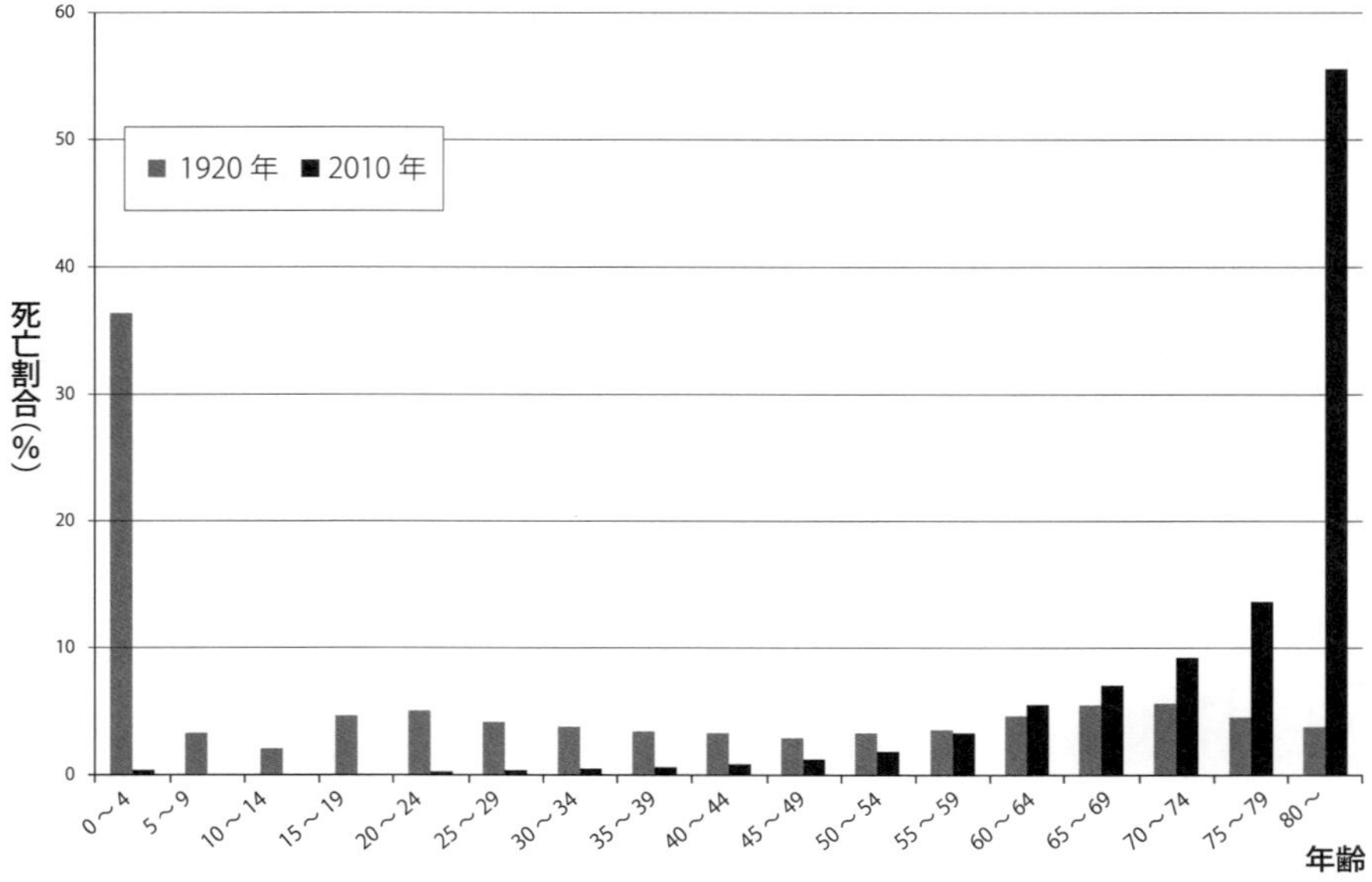

5歳年齢階級別死亡者の割合（厚生労働省人口動態統計をもとに作図）

時代であった。この「老少不定」という仏教語、言ってみれば日本的「メメント・モリ（死を想え）」と考えてもよいであろう。

それに対して二〇一五年では、死者全体の六〇パーセントは八〇歳以上の高齢者で占められている。結果、現代における死は子どもや若者の問題ではなく、高齢者にとっての問題であるといった感覚が浮上してきている。時代が変わり医療技術が進歩するなか、人の生き死にに関わる状況が、日本においてはこの一〇〇年の間で大きく変化しているのである。

ならば現代、子どもはまったく死なないのかと問われたとき、統計的に多くは死なない年代ではあるが、子どもの死が皆無でないのは当然のことである。逆に子どもで亡くなるケースが少ない時代であればこそ、そうした時代に亡くなる子どもの死は、高齢者の死と比較して意味に大きな違いが生じてくる。子どもが死ぬはずのない時代に「なぜうちの子が？」、という〝想い〟が強く出てくるのである。

いかなる死者に対してもそうであるが、死亡直後の〈死の記憶〉は大きな衝撃でしかあるまい。身近に死が生じた瞬間、固まってしまって思考停止の時間を経験した人も多いだろう。それが死後時間の経過とともにグリーフケア、グリーフワークが進んでくると、〈死の記憶〉ではなく、〈死者の記憶〉として話が進み出して、死者に関する物語を紡ぐことができるようになる。第3章「流産・死産に向き合う」の佐藤由佳さんと第1章「哀しみの中で物語を紡ぐ」のヘレン・ブラウンさんの話も、そこでつながってくるものと思われる。その物語が紡がれてくると、死者が動き出し、「もう会えないんだ。戻れないんだ」となって、泣くことができるようになる。

こうした流れは、震災のときにもしばしば聞くことができた。当初はショックが大きく、〈死の記憶〉の段階では泣くことすらできなかった。それが震災後二年、三年経って、ようやく泣くことができるようになった。時間が経ち、身の回りの状況も変化する中で、残された人の精神面にもゆとりができ、〈死の記憶〉ではなく、〈死者の記憶〉となり、物語を紡ぐようになって、泣けるようになるというわけである。

死の問題、子どもの死の問題を考えるとき、そうした〈死の記憶〉が〈死者の記憶〉へと展開する道をいかに確保するかが重要である。亡くなった子どもが小さかった場合、直接的な対面経験が少なかったり、対面経験はまったくなく超音波写真としか子どもとの接点がなかったりといった場合もある。こちらは知っているけれども、相手はこちらを知らず、直接触れることもないまま、双方向の意思疎通が成立しないままで迎えてしまった死は、大人の死者との関係ではほとんど見られない状況であろう。

「二人称の死者」は、本来、双方向の親密度が成立していた生者同士の人間関係を前提に、一方の死亡を契機に誕生するのであるが、子どもの死者の場合、それが片方向なままの場合も多い。さらに言えば「二・五人称の死者」を形作る箍《たが》を探し出すこともなかなか難しい。子どもの死をめぐるグリーフケアにおいて、「二人称の死者」「二・五人称の死者」の形成はいかになされるのか。この点は、子どもの死を考える今後の議論における一つの課題となろう。

昭和一二年に出版された『子を喪へる親の心』（村田勤・鈴木龍司編、岩波書店、一九三七年）という本がある。仮名遣いや文体の点から、現代人にとっては多少読みにくいところがあるが、自身、子どもを亡くした経験をもつ編者が、その死をそのままでは耐え切れず、他の人と一緒にそれを共有して話し合い、聞き合う、そういう機会を作っていかなくてはいけないとして編まれた著作である。

昭和一二年の日本において、すでにこういう試みがなされていたという事実に眼を向けることは、現代における子どもの死をめぐるグリーフの問題を考える上で、教えられるところが多々あるのではないかと思われる。最後に、情報提供をして結びとする。

『子を喪へる親の心』

［コラム］…

グリーフケアとしての通過儀礼

松岡悦子

　近年の日本では、お葬式を盛大に行い、参列者の列がどこまでも続いたことを誇りとするような意識は一般の人びとに見られなくなったようだ。著名な人が亡くなった場合にも、「葬儀は近親者ですでに済ませた」という新聞記事を見かけることが多くなっている。かつて葬式は故人の人生の集大成であり、その人の社会的地位や成し遂げたことを披露する機会だったが、現在の葬式の簡素化は死が共同体のできごとから個人や家族のできごとになり、個人の生の終止符になったことを示している。

　波平恵美子は、「近年「生命」が個別の個体に閉じ込められているという生命観と、それとは逆に個体の枠を超えて他の個体と理論的には無限に関連しており「生命」は決して個体に閉じ込められるものではないという生命観」との両方が見られると述べ、前者は一人の人間の生命はその人限りのもので、死亡するとすべてが無になるという見方であるのに対して、後者は日本の祖先崇拝や、霊魂の生まれ変わりに見られるように、いのちが連続し他者との関係の中で存在することを前提とする見方だと述べている（波平恵美子『いのちの文化人類学』新潮社、一九九六年、一一頁）。簡素化された葬式は、生命観が閉じられ限定されたものになったことの証《あかし》なのだろうか。

　しかし、どれほど死を限定的で個別のものととらえようとしても、死が残された人びとに大きな哀しみや喪失感を与え、残された人びとの生活を根本から変えてしまうのも事実である。とくに災害や事故などの突然の死や、病気による早められた死は、残された人びとにとって死を受け入れるのをたいへん難しくしている。人びとが肉親や親しい人びとの死を受け入れ、日常を回復していく過程はグリーフケアと呼ばれるが、葬儀やそれに続く法要、初盆などの通過儀礼が死の受容を助けるグリーフケアの機能をもつことは、民俗学ではよく指摘されている。

> 私たちは、祖父母や両親あるいは知人たちの死を間近に見ながら、人生を送り、最後には自分自身が死に至る。死の学習をするために人生儀礼はある。
> （板橋春夫「看取りと臨終の民俗――石川県吉野谷村の事例から」『明治聖徳記念学会紀要』三七、二〇〇三年、九〇頁）

> 生き残った者にとって心理的にもっとも困難な作業は、家族の死の受容である。……葬儀などの通過儀礼は、その死の受容を援助する社会制度であるが、しかしその機能は万全のものではない。
> （副田義也「死別体験の博物誌――一九九五年一月十七日・神戸」『死の社会学』岩波書店、二〇〇一年、一五三頁）

このように、葬儀などの通過儀礼がグリーフケアの役割を果たしているとするなら、現代の葬儀の簡素化はどのような意味をもつのだろうか。そのことを考えるのに、小松和彦が柳田國男の幼いころの思い出を挙げて、かつての民俗社会にあった「集合的な経験」について述べているのが参考になる。

> 子供のころ、私は毎朝、厨の方から伝わって来るパチパチという木の燃える音と、それに伴って漂ってくる懐かしい匂いとによって目を覚ますことになっていた。母が朝飯のかまどの下に……小枝の束を少しずつ折っては燃やし附けにしているのが私の枕下に伝わったのであった。
> （小松和彦「民俗社会の感性と生理」『日本の民俗学二　身体と心性の民俗』雄山閣、一九九八年、一七頁）

この柳田の思い出にあるような、かまどに薪をくべたときの煙の匂い、ご飯の炊ける匂いは共通の体験として人びとに共有されていただろうと小松は述べる。民俗社会にあるこの「集合的な経験」や共有できる体験が通過儀礼を支える基盤になっている。喜びや哀しみという身体感覚すら文化によってその表出のしかたは異なるが、共有できる体験があってこそ、哀しみを分かち合い、ともに泣き、この哀しみを自分だけではなくみなに分かち合ってもらえるという安心感に至ることができる。そこには個人の感覚が他者とつながり、他者と深いところで共有されることによる自身の哀しみの軽減がある。

たとえば戦前の村落社会の葬式では、喪に服する家族は何もせず、親戚や近隣の人びとが日取り、方針を決め、帳場（会計）、寺方（寺との交渉）、板の間（料理）、買い物、つげ（遠方への通知）、埋葬準備を分担して葬式を取り仕切ったという（嶋根克己「近代化と葬儀の変化」『死の社会学』副田義也編、岩波書店、二〇〇一年、二六九頁）。

葬式が他者によってなされることは、家族が哀しみに浸れるようにという配慮とも言えるが、同時に家族が哀しみの主体にならなくてもいい、他の人たちが哀しみも代わりに背負ってくれるという安心感につながっただろう。さらに哀しみの受容の過程で、人は普段意識していない、民族のもつ霊魂観や死後の生といった解釈に行きつくことがある（副田義也「死別体験の博物誌――一九九五年一月十七日・神戸」前掲書、一五三頁）。

副田は阪神・淡路大震災で家族を失った人びとにインタビューを行い、震災体験の本質として世界の二重化――世界が生と死からなること、生の世界の裏側に死の世界がある――があると述べる。この二重化した世界をもう一度生の世界に統一することで、彼らは震災体験を乗り越えることができるが、そのためには納得しがたいできごとをおさめる物語が必要になる。その際には神話や伝説、童話などが物語のモデルになると述べている（副田義也「震災の体験と物語」前掲書、一二七～一三五頁）。たとえば、死は霊魂があの世に旅立つことだという物語は広く語られ、家族から二人以上が亡くなったとき、「さびしくないよう連れ立って出かけた」といって残された家族が慰めを見出すことがある（副田義也「死別体験の博物誌――一九九五年一月十七日・神戸」前掲書、一五九頁）。

祖先が家族を見守り、お盆には戻ってくるという日本人の伝統的な霊魂観や儀礼が、私たちに物語を産みだす力を与えている。そうだとするならば、このような共有される祖霊観が希薄になったときに、人びとはどうやって納得のいく物語を産み出していくのだろうか。

民俗社会がもっていた「集合的な経験」が近代化によって失われてしまうとき、グリーフケアは民俗社会から専門職の領域に移し替えられ、新たな専門的なスキルとして学びとられるようになるのだろう。そのときの物語は、文化の壁を越えたより普遍性の高いものになっているのではないだろうか。

震災で失った子どもとともに

李 仁子

石巻大川小学校とセウォル号の犠牲者

わたしは東日本大震災のあと五年半ほど、主に宮城県石巻の被災地に通いながら、研究を続けています。専門は文化人類学で、たくさんの大切なものを失った被災地でどのように人びとが立ち上がっていくのか、その後、どのように過ごしておられるのかを、五年をひとつの区切りにして、研究を行っている最中です。

今回のシンポジウムのテーマは、グリーフケアの可能性を考えることですが、その前に、わたしが発表させていただく内容について、ぜひヘレン・ブラウンさんにも一緒に考えていただいたり、知恵をお借りしたりしたいと思います。東日本大震災では、「子どもの死」といっても、同じ村でたくさんのお子さんが亡くなる場合が多々ありました。そうした場合に、個人がどのようにケアしてもらうか、という問題にもまして、その地域全体がどう癒されるのかが、大事な問題になってくると思います。

わたしは文化人類学者なので、その地域では死に対してどのような文化が築かれてきたのか、どのようなかたちをとれば、彼らがいちばん落ち着くのか、もしくは立ち直れないぐらいの大きな哀しみからなんとか生きていこうとすることができるのか、を考えてきました。

被災地は、異世界のように私の眼には映りました。仙台の市内から沿岸部に近づくと光景はがらりと変わって、すさまじい震災の爪痕《つめあと》を見せてくれました。それは、突然目の前に開かれる被災地の光景です。そこは局地的に異世界をなしています。津波の爪痕によって、すべてが色あせてしまい、風景や土地までもが遺骸化したかのように見えます。その場を目の当たりにして、被災地の人も土地も含めて「喪の作業」を記録する必要を感じました。

わたしは、石巻市の大川地区に入りました。その後、ちょうど三年が経った二〇一四年四月一六日に、わたしの出身国である韓国で、セウォル号という船が転覆する事故がありました。大川小学校を震災当時から三年間、見てきたわたしにとって、セウォル号の事件は、オーバーラップする点がたくさんありました。その後は、セウォル号転覆の事故に関心をもち、遺族や事故現場で捜索活動に携わっている人、ボランティアをしている人たちの協力を得ながら研究を試みているところです。

この事故は、大川小学校で起こった震災の事故と酷似しています。大川小学校では、一〇八人の生徒のうち、七四人が犠牲になり、韓国のセウォル号の事故では、同じ高校の二年生二〇〇人以上が、修学旅行で船が転覆したことで亡くなりました。三〇〇人以上の生徒の中で帰還できた生徒は七〇人ぐらいです。非常に多数の生徒が犠牲になる、そのような規模も両者で似ています。

特に共通しているところは、親がまさか自分の子どもが助からないわけがない、とずっと思っていたのに、実際に犠牲になってしまったということ、その地域全体が苦しみや哀しみのようなものに包まれていき、地域の人たちがともに克服しなければいけないものにもなってきている、といったことです。

多くの生徒が震災の犠牲になった大川小学校は、全国的にも有名です。学校の名前を出せば、少し関心のある方がたはおわかりになります。東北に足を運んだ場合は、そこに行って手を合わせるような場所でもあります。

韓国のセウォル号の事故も、メディアの発達によって、リアルタイムで韓国のみならず、全世界が船が沈んでいく姿を目の当たりにしました。韓国では、セウォル号の事故は、当事者、親や家族、そして遺族以外も、韓国の全国民のトラウマになってもおかしくないような事故だともいわれています。

東北の死の供養と大震災

わたしの最初の三年間の研究では、東北地方で、これまで死者をどのように祀ってきたのか、死をどのように自分たちの中で受け入れてきたのか、あるいはそれを受け入れる儀式がどのようなものであったのかについて調べてきました。

簡単にいいますと、東北は日本の中でも、かなり手厚く死者を送ってきた地域だとわかってきました。ほかにも沖縄のように、死者に対する儀式を手厚く行う地域もあると思います。わたしがこれまで研究した場所は関西で、調査地は関西と関東、しかも東京だったので、東北についてはよくわかっていませんでした。もともとわたしはお墓の研究をしていたので、お葬式や死の儀礼には立ち会ってきたのですが、東北は、少なくともわたしが見た関西や関東と比べると、死者を何倍も手厚く送ってきたと言えます。

会葬の互酬的ネットワークが見られる点は、何世代にもわたる香典のやりとりの記録からわかります。また、供養のネットワークとして、お盆に毎年行われる「線香上げ」があります。

死者の送り方だけではなく、死者を記憶したり、思い出話をしたりする装置もほかの地域とは異なります。たとえば、線香上げという風習は、東北の方がたでしたら、普通のことなのかもしれません。線香上げは、葬儀の際に隣近所の方がたが二〇人ぐらい次々と線香を上げに仏壇に上がり、死者を弔うものです。お墓参りにあたっても、一人の世帯主は二〇軒ぐらいの親類や隣近所のお墓に線香上げをして回ります。そういった風習は、関西や関東では見られないものでした。

東日本大震災の際に、東北で二万人ぐらいの方がたが一度に亡くなられて、火葬の場もない、埋葬もままならない、という状況でした。それは、たいへん手厚く死者を送る東北の人たちにとっては、相当の痛みだったのではないかと思います。単に「人が亡くなった哀しみは想像できるでしょ」というものではないのです。

東北では、死者をかなり丁寧に送り、そしてそれをきちんと記録に残しています。村の家々を調査してみますと、何代前の誰が亡くなったときに、うちの家ではいくら香典を送ったのか、あるいは亡くなった家からはいくら送ってきたのか、といった記録を残しながら、彼らはお互いのつき合いもしっかりとやっている。線香上げや贈与の記録を残すことは、東北の方がたのさまざまなつながりや人間関係の作り方の中で重要なものであったと思います。

調査の二年が過ぎて

わたしが調査している大川小学校のあたりは、石巻市の北上川河口から四キロほどの川沿いの地域です。かつては平和な半漁半農地帯でしたが、震災時に津波が押し寄せてきました。現在は小学校跡地も整備されています。五年も通うと、今は野原みたいなところに立っても、「ああ、これは◯◯さんの台所だったところだな」といったことまで全部教わって、わかるぐらいになりました。

被災地での調査を始めたとはいえ、最初からお話を伺えたわけではありません。当初は被災地に出向いて、わたし自身も調査、あるいは研究をするつもりではありませんでした。上記の表のように、あまりにもたくさんの住民が犠牲になっています。

石巻市大川地区の被害状況

地区名	当日人口	死亡と不明者	被災割合	差引人口
S行政区	193人	12人	6%	181人
N行政区	519人	104人	20%	415人
K行政区	497人	193人	38%	304人
M行政区	156人	68人	43%	88人
合計	1,365人	377人	27%	988人

※石巻市全体での行方不明者は759人、死亡者は3,173人

大川小学校所在地の村では、四〇パーセントぐらいの方がたが亡くなられていました。その隣村では、六割ぐらいの方がたが亡くなっています。家族の中で誰も亡くなっていないという方が少ないぐらいの地域でした。最初は、あまりにも大きな出来事だったので、その土地に立たせてもらい手を合わせるために、学生たちと一緒に訪ねていきました。何度も足を運び、話を伺うとかではなく、その場に立っているだけでもわかることがたくさんあるので、そのようなことを二年間ぐらいさせていただきました。

二年という区切りは非常に大切です。国や支援団体からのさまざまな支援が二年ぐらいで、まるで何かが引いていくかのように切られ、整理されます。はじめの二年間は、被災地も、私を含めた雑多な人たちの出入りがあまりにも多かったために、被災地の地元の方からすると、誰が何のために入ってきているのかわからないこともありました。入ってきた当事者たちも、どう振る舞えばいいのかが定まらず、お互いが混乱している時期だと見ています。

そのまる二年が過ぎたところで、それでも残った人たちに対しては地域の人びとは信頼を寄せてくださいました。二年も通っていたあなたなら、ということで、そこから、深いところまで話を聞かせていただくことができました。

そこで出会った方がたの中でも、ヘレン・ブラウンさんが『クレオ』で触れておられたように、お孫さんを亡くされたり、お子さんを亡くされたりした方がたは、なかなかお話をされません。ただ、少し高齢の方になりますと、どこかふさぎこんだり、ちょっと寂しくなったりしたときに、信頼できる人に対しては、ふと一言おっしゃいます。「いや、実は、石巻は震災後一年目のときに、非常にハエがいっぱいたかってたいへんだったといったことがメディアでうるさく言われていたんです。しかしわたしは食事をするときに、ハエがやってきても、そのハエを叩きつぶすこともできなかったんです。飛んできたハエがまるで孫のように思えて、いーちゃんがきたのか、ああ、食事していきなと言ったんだ」と言ってくださったことは、印象深く残っています。大切な方が亡くなった場合には、何か自分の周囲にいる生き物に故人の姿を投影させたりするものなのかと思いました。

土地に対する喪の作業

今回紹介するのは、そのお孫さんを二人亡くした高橋さん（仮名）の話です。震災当時六〇代半ばでした。今はもう七〇歳に近くなっておられます。高橋さんの場合は、震災によって石碑が倒れるなど、村の共同墓地のお墓が全部壊れてしまいました。村のお墓が津波の被害を受け、流されたりしました。日本の墓石は非常に重く、手では持ち上げられません。そのため重機を扱っている方がたが、高橋さんも含め三人集まって、石碑を整理されました。それは、お盆になると避難していった村の人びとがみんな戻ってくるのではないかと思ったからだそうです。村の人びとや子どもの捜索のために村を歩いていたときに、荒れたお墓を見て、心が引き裂かれるぐらいの痛みがあったそうです。お盆になって、避難所や仮設住宅などからせっかく村に来たのに、荒れたお墓を見たらどんなに苦しむだろう、と思ったそうです。そのような気持ちから墓石を全部きれいに整理されたのです。

この地域では、震災発生から八ヶ月後に、地区の復興委員会が結成されました。そのとき、おもに元役員たちが委員会を仕切るようになります。しかし、外部からの支援などとのつなぎは、相変わらず震災直後から村のための仕事を引き受けて担っていた高橋さんに頼っていました。高橋さんは、復興会議には参加していたものの、元役員たちが決めることに従うだけでした。また高橋さんは、生業の土木業のため仙台まで通う忙しい日々を送っていました。そのような中で、娘婿と孫娘二人のために墓を建立することを思い立ちます。高橋さんの妻によると、子どもと夫を亡くした娘が、墓を建立するに当たって墓地を見て回り、震災後、はじめて自分のやりたいことや意見を言ったのが、高橋さんにはとてもうれしかったからでした。

墓石を整理することによって、高橋さんは非常時のリーダーになりました。高橋さんご自身がそう発言したのですが、自分は「新参者」だとおっしゃる。新参者、つまり私は新しく村に入ってきた者です、と。さらに、石巻の沿岸部の本当に古いところだと、新参者には今まで区長などの役職をさせなかったのです。どれぐらいの方が新参者になるかといえば、たとえば「わたしは新参者です。六代目ですから」と言うのです。それには私も驚きました。東北大学の教員をしている私はここに土足で踏み入ったということになり、さらに出身が韓国ですから、新参者どころではないと思ったわけです。

石巻市大川地区では、大川小学校の生徒だけではなく、村でもたくさんの方がたが亡くなられました。実は被災地は、人が亡くなっただけではなく、その土地自体が屍骸になってしまったという感じです。日本では、人に対する喪の作業だけではなく、その土地に対する喪の作業もあると思います。日和山《ひよりやま》と呼ばれる山が日本にはたくさんありますが、石巻市にも有名な日和山があります。里帰りをした人たちは日和山に登り、指を指しながら、「あそこがあれだったんだ」、「ここがこうだったんだ」とあたりを一望される方が多くいらっしゃいました。それは一つの屍骸化した土地に対する喪の作業のようにも見受けられました。

まるで変わり果てた土地を弔うかのようにも見えたのです。前述したように、東北では古くから、埋葬を手厚く行ってきました。なかなか理解されないかもしれませんが、じっくりと中身を見ていきますと、震災後、東北の方がたが仮の埋葬をしなければならなくなったことは、相当な心の傷になっていることがわかります。

文化的装置と節目

お盆の前に墓石を建て替えている話をしましたが、この地域に刻まれている行事が、あのような大きな震災のあとでもそのまま機能するわけです。捜索をする人たちも、ああ、四十九日までにはなんとか探してあげようとか、あるいは個々人が、お盆までには火葬ができることを願うなど、そういったものを区切りとして動いていきます。さらに、一年目、一周忌まで、あるいは三回忌が終わったといった

大川小学校の慰霊碑（2011年7月）

大川小学校の正面（2011年7月）

節目で何かをしていこうということになります。

わたしは、このように、四十九日、新盆や一周忌、そして三回忌などのしきたりは、人びとが長い間、地域で作り上げた文化的装置だと思います。被災地の人たちの震災後の死者への弔いを見ていると、人がたいへんな災難のときにも、人間が何をすべきかをきちんと提示してくれるもののように思えました。今はあまり儀礼といったものを大事にしなかったり、何の意味があるのだと思われたりしますが、人間の力ではどうにもならない出来事があったときに、儀礼は大事なんだとわかったわけです。

震災後一年目には、大川小学校の地は整備され、慰霊碑が建てられました。同時に、高橋さんという非常時のリーダーも生まれました。今までなら、新参者は区長などにはなれません。リーダーとして村ではなかなか認めてもらえなかったからです。しかし、高橋さんは震災二年後に区長になります。震災後、村人は人と会ったりすることを避けていました。お互いどう言葉をかけてよいかわからなかったからです。また自分が今何をしているかを、お互いに知らせずにいました。でも、墓石を整備した三人には、あなたの連絡なら受けたい、と言いながら連絡先を渡して、やりとりをしていたようです。

被害を受けたお墓は、重機を使って、きれいに整備されました。その場所で、村のお盆の行事をやりました。この場で新しくリーダーが生まれ、その人たちへの信頼が生まれていったのです。

被災地では、何を復旧してほしいかというアンケート調査が行われました。家や学校の修理も大事だけれど、お寺もきちんと再建してほしいといった回答があります。お寺

集められた墓碑たち（2011年6月）

無残に壊されたお墓（2011年6月）

お墓のお地蔵さん

仮設住宅に設けられた子どもたちの弔い場所

には当然、お墓も含まれます。先祖がいるところを再建してほしいという要望とも読めます。ここで大事なのは節目です。大事な人を亡くした遺族たちがどのように節目に取り組むかの例をあげさせていただきます。

亡くなった子どものお墓を作ってあげる事例です。仮設住宅に住んでいる佐藤さん（仮名）の家に入ると、子どもをしのぶさまざまなものが飾ってあります。亡くなった二人の遺影となった笑顔の写真や、小さなお地蔵さんなどがあります。壁に飾ってあったカレンダーには、並んだお地蔵さんと似たような写真がありました。佐藤さんの奥さんの話によれば、友人からもらったカレンダーに何とも言えない優しくかわいらしいお地蔵さんの写真があったので、その通りのお地蔵さんを作ってもらったようです。さらに、それをお願いしていたら、一周忌を迎えるのでお墓を作ってあげたくなり、そこに同じようなお地蔵さんを置くようになったようです。「お地蔵さんのおかげでお墓を作るのにも前向きになりました」と言っていました。それで実際に墓を作ることになるわけです。佐藤さんの家で、お墓を作るにあたってきっかけになったのは、二つあります。一つ目は、一周忌という節目であり、二つ目は、友人から偶然もらったカレンダーの中のお地蔵さんの写真であるといえます。両方とも、哀しんでいる人たちに何とか動けるような力を与えることだったといえます。

その気持ちから子どもの生前の様子などをどんどん膨らませて、特別なお墓も作りました。子どもの名前の中に「桜」という文字がありました。墓碑には桜の花をきれいにあしらっています。もう一人のお子さんの名前には「舞」という文字が入っていることから、墓碑から下の石段までのところに桜の花びらがまるで踊るかのように無造作にあしらってあります。このような墓を考えたり、墓石を人に頼んだりするときに、子どもを亡くした母親は初めて世間と呼吸している感があったと言ったそうです。わたしが訪ねていったら「子どもに会えるところをようやく作ったわ」とおっしゃっていました。

墓の建立と新たな霊園については、Y地区の共同霊園からお墓の集団移転の話がもちあがりました。その背景には、一周忌を迎えるにあたって、隣接する地区のお寺が新しく墓園の区画を開いたことがあげられます。また、さらなる拡張のために造成工事が急ピッチで行われていました。個人の喪と共同体の喪という点については、両者を象徴的につなげるのが、先ほど紹介しました高橋家の墓です。高橋家の墓は、墓地の入り口に建っていることもあり、墓参に来たほかの人たちもお地蔵さんの前で手を合わせるのです。

被災者と被災地の喪の作業を見ていきますと、もともと東北地方に根付いていた供養という文化的実践の力に注目できます。たとえば、お盆のお祭りや法要や「線香上げ」などです。高橋さんがたどったプロセスを見てもわかります。さらに、震災後の供養の希求が挙げられます。「お寺の再建を第一に」と、ある地区の復興委員長（非常時のリーダーでもある）がおっしゃいました。「お墓のあるところに戻りたい」とは、仮設住宅に入居する高齢者たちの言葉です。

このように、われわれに馴染んだ文化を使って自らをケアしていく、あるいは少しずつ、痛みがなくなるわけではないのですが、その痛みの中でも何かをつかんで、一歩一歩先に進む、という姿をわたしは見せていただきました。

セウォル号事故遺族との出会い

石巻でこのような研究をしていたところ、韓国でセウォル号の事故が起きました。二〇一四年四月一六日、仁川《インチョン》から済州道《チェジュド》に向かう途中の全羅南道《チョルラナムド》珍島《チンド》郡の観梅島《クワンメド》沖海上で、セウォル号が転覆、沈没しました。セウォル号には、修学旅行中の安山《アンサン》市の檀園《タンウォン》高等学校二年生の生徒三二五人と引率教員一四人のほか、一般客一〇八人、乗務員二九人の合計四七六人が乗船、乗員・乗客の死者二九五人（うち檀園高等学校二四六人）、行方不明者九人、捜索作業員の死者八人を出した大惨事となりました。

同じ境遇の人たちのつながり

事故に巻き込まれた高校生や人びとの家族は、たぶん生きているだろう、という最初の思いから、次に、遺体だけでも発見されたらよい、と変わっていきます。このような様子は、大川小学校の初期の遺族たちに酷似しています。また、初動対応のまずさから、事故ではなく人災によるものであると感じ、とてつもない絶望感を抱かせることも同じでした。正しい情報や関係機関への信頼できない状況で、大川小学校とセウォル号の遺族たちは、共通して真相を知りたいという強い気持ちになります。最期の姿はどうだったのかということに執着します。傷ついてもいいから、真実の姿をきちんと伝えてもらいたいと考えます。そこで嘘をつかれたり、何か偽りを語られたりすることへの怒りは、当然ですが、想像を絶するほど大きいものでした。

個々人で喪に服す姿も多様でした。ひっそりと一人で子どものことを考えたい人は、知り合いがまったくいないところに引っ越しまでする人がいたり、あるいは事故が起こる前よりも、同じ境遇の親たちと親密につきあうようになる親もいます。法的手続きを取りながら訴えたり、なにかアクションを起こしたりする親もおられます。わたしはこういった行為すべてが、喪に服すことではないだろうかと考えています。

たしかに、泣いたり、お線香を上げたりといったことは喪に服すわかりやすいことです。しかし、場合によっては、真相を明らかにさせるために起こす行動や、子どもの死そのものを社会がいい方向へ変化することに役立てていこうと求める行動なども、喪に服すことだと見ることができます。そうすると、親たちの行為を政治的にとらえる傾向も見られますが、それも含めて人間の多様な喪に服す姿であると考えると腑に落ちます。

次に、喪に服すことも含まれますが、記憶するための行いがあります。死を昇華させるための活動として見ることも可能です。

二〇一六年三月一一日、セウォル号の遺族と大川小学校の遺族が、一緒に出会う機会が設けられました。福知山線の脱線事故を起こしたJR西日本が企画したのです。毎年大川小学校で挙行される三・一一の慰霊祭に参列するために、韓国からセウォル号の遺族たちが来てくれたのです。前日に遺族同士の懇親会がありましたが、お互いの経験や対処のしかたはもちろんのこと、哀しみまでも分かち合うように見えました。このような場が非常に大切であることを確認し合ったのです。大人たちの管理下で起こった事故という面で、その悔しさも虚しさも含めてやるせない気持ちでいる両事故の親たちは、言葉が通じなくても互いの傷の深さを知っているからこそ、慰める術《すべ》をもっているのかもしれません。今後もそういったことは大切になると思っています。

グリーフケアは、現代の日本ではかなり馴染みのあるかたちで広がってきています。わたしたちのもっているそれぞれの文化によって、どのようなものを頼りにして、あるいはきっかけにして、われわれは大切な人を亡くしたときに前に進めるのかが考えられるのではないかと思います。とりわけ、個人の死に限らず、地域、あるいは集団、それから同じ日に子どもを亡くした人たち同士の癒され方を考えていくことは、大切だと思います。

グリーフケアとしての語り

波平恵美子

ヘレン・ブラウンさんがお書きになった『クレオ』は、一日で読み切ってしまいました。視力が落ちておりますので、一日で読むことのできる本などはこの数年ありません。「一度手に取ると置くことができない本」という言葉は、比喩としてはありますが、実際に自分がそうなったのは、アガサ・クリスティの推理小説以外では『クレオ』しかないと言ってもいいと思います（笑）。

ヘレン・ブラウンさんの『クレオ』からは、死の哀しみを乗り越えるときに、「語る」ということがいかに大切かということを教えていただきました。それから、「語る」ということはそれほど容易ではないこともです。大事ではあるけれども、しかしながら、それほど容易ではない。何よりも語りを始めるまでに長い時間がかかる。語り尽くすまでにも長い時間がかかる。ヘレンさんはそれを見事になさったわけです。たとえ二五年かかったとしてもですね。

語るときに何が難しいかというと、死んだ子どものことを、たとえどのように語ったとしてもなかなか人に伝わらないということです。伝えるには何かの心棒みたいなものが必要であって、その心棒に、クレオがいる。クレオなしにあのような物語の展開はけっしてなかっただろうと思います。まさにクレオはご家族を癒すために現れただけではなく、死の哀しみから回復していく生き方を、つまり、自分の世界を作り直すということがどれほど大切であるかということを、世界のたくさんの人に知ってもらうために現れたのではないでしょうか。

鈴木由利子さんに伺ったのですが、東日本大震災の大津波で亡くなった子どもたちのご遺体を扱ったり、見たり、それを発見した人たちが、子どもの死についてはけっして語らないとのことでした。子どもの死というのは、それほどまでに語りづらいものなのだろうと思います。子どもの親や家族、兄弟だけではなく、それを目にした人もまた、語れない、語りづらいということでしょう。

なぜ、それほどまでに子どもの死は語りづらく、人に伝えづらいものなのでしょうか。それは命が、たとえ生まれる前であっても、生まれてすぐであっても、あるいは幼かろうと、青春の真っ只中であろうと、本来ならば与えられていたはずの時間を断ち切られることのむごさゆえに、他のものに喩えることができないからだろうと思います。

次に、出産の場における死についてですが、少し広げさせていただいて、子どもの死を乗り越えていく可能性について考えてみます。堀内みどりさんが指摘されたように（第3章「心に触れる人間関係に根差したグリーフケアを」）、語る以外にはないのですが、私の感想では、子どもの死を語ることは非常に難しい。

そうすると、改めて語りというものが、なぜ、今大事なのかということになります。私の専攻は文化人類学で、一九六四年以来、文化人類学的あるいは民俗学的な調査を各地でしてまいりまして、死の儀礼が非常に発達していた時代の話を幸いにして聞くことができています。死の儀礼は多くの定式的パフォーマンスを含んだきわめて詳細なものです。しかも、地方差や時代差があって、バリエーションに富んでいる。貧しい人には貧しい人のやりよう、豊かな人には豊かな人のやりようがあります。確かに、子どもの死の儀礼というのは非常に簡単で、葬式をしないところもあるのですが、それは言葉のあやで、実際には何かしらの儀礼をやっていたのです。

そして、バリエーションの豊かな儀礼は、かつては語りと同じような機能をもっていた。儀礼をもって語ることができていたし、その儀礼に参加したり、見たりする人たちは、まるで言葉で語られるかのように、その空間に哀しみが文字によって書かれるかのように、その儀礼を見たのだと思います。

私の弟は昭和二〇（一九四五）年に生まれ、一歳半で、小児結核で昭和二二年に亡くなりました。私はそのとき四歳でした。肺結核で次第に弱っていって、もうどうにも救いようがないという、その約半年間の両親のつらさを四歳の子どもなりに見ておりました。そして、その亡骸《なきがら》を焼くときに、火葬場の職員の方が特別に優しく抱き上げるのです。火葬が終わるのを父親が待っていて、焼いた骨を箸で一つずつ拾って、それを、北九州のやり方で渡していって、私が最後に受け取るのです。一番若い者として。骨を骨壺に入れ、それを周りの人たちが見ている。父親が最後にその職員の方に「こんな小さな子どもの身体を足の骨まで残るように見事に焼いてくださいました」と御礼を言ったのですね。これも実は儀礼なんです。今のようにコンピュータ制御されているわけではありません。薪で焼きます。骨の残るように焼いてくださった職員の方の、見事な腕が必要なわけです。

このように、親の哀しみがどれほどのものか、儀礼の一つ一つが文字になって現れてきます。

ところが現在では、儀礼に多くの人びとが参加することはありません。儀礼は簡略化されています。空間に文字が連なるかのような、それがみんなに響く声であるかのような儀礼が、もはや存在しない。そうすると、いかに巧みに語ることができるかが重要になります。文章巧みにとか、文筆が冴えているという意味ではありません、そうではなくて、その語り方のモデルがたくさん必要になってくるということです。たくさんの人がたくさんのやり方で語ってくださいます。たくさんの方が語ってくだされば語ってくださるほど、その語りのモデルが現れてくる。短い時間でしたが、「With ゆう」の展示を見せていただくと、それぞれの語りにバリエーションがあることがわかります。最初に型を与えてくださった何人かの方がおられて、それに沿って自分の哀しみというもの、あるいは癒される道筋というものを見つけながら書いておられる。

本来、自分の話をするつもりはなかったのですが、私自身の話もさせていただきます。もう二九年前になりますが、一七歳半の息子を、脳腫瘍で亡くしました。私の両親が一歳半の子ども――あんなに丸々して、笑ったり、歌ったりもしていた子ども――が次第に弱り、笑わなくなっていくのを半年間見ていったのと同じ経験を私もしました。元気いっぱいの子どもが、左腕がかすかに痺れるという状態で病院に連れていきましたら、「あと半年から一年の命です」と言われました。突然、息子の命が奪われる哀しみと、確実に死んでいく子どもを半年、実際には一一ヶ月だったのですが、それを見る哀しみとつらさ。子どもを失う哀しみ、つらさというものは何とも比較はできないんですね。

私は親たちの、私の弟が半年間で弱って死んでいくのを見るという経験を追体験させてもらった。親が、子どもを死なせていく、その哀しみを二重に味わうことができて、幸せだったとは言えませんが。

物語は、油絵を完成させるように、ひと筆ひと筆なぞるように、一人の人が語り始めた物語を、二人目が書き、三人目が書き、何百人、何千人の人が語り継いでいって、初めてそれは子どもの死を乗り越えていくための物語になっていく。

それがまさに東北の、家族を亡くした――その中には目の前で亡くした方もいるでしょう――その方たちの語りを今、語り継いで、重ねていくことをみなさんがなさっておられることに通じると思います。それを書き留めて、ほかの人の目に見えるようにしてくださる作業が必要なのではないかと考えます。可能性があるとしたら、もはや失われてしまった、かつて死の儀礼がもっていた、そのすばらしい機能だと思います。死の儀礼は、語り尽くせないほどの機能をもっていたと思います。今、その機能に代わるものを、私たちは新たに作り上げていかなければならないと思います。

大阪大学医学部附属病院の遠藤誠之さんのお話（第3章「産科医療の現場より」）で、まさにそのようなことを、医療現場でおやりになるということは、本当に驚異的だと思いました。その仕事のたいへんなご多忙さは存じておりますので、その中で、自分の精神的なキャパシティの中のある部分を予め保存しておかなければできないと思うのです。もともと、キャパシティなど余るはずがないところで、そこを非常に重要なものとして予め保存しておいて、それをフルにお使いになる。その工夫と、携わっておられる方たちの努力のすばらしさ。そして、それを大学全体が支えようとするシステムのすばらしさに、改めて頭が下がる思いでございました。

［コラム］…

物語はひと筆ごとに

澤井奈保子

「わたしの娘はね、中学生のときに病気で亡くなってしまったの」

女性から、涙と共に言葉が溢れてきた。わたしは安井眞奈美先生とともに、各地でお産の話について聞き取りを続けてきた。

その女性とは、わたしがかつての産婆に関する聞き取りをしているときに出会った。それまでも何人かに出産や産婆（助産婦［師］）に関する話を伺ってきたが、子どもが亡くなるという話を聞くのは初めてだった。女性を前に、わたしはメモを取る手が止まり、このあとにどのように会話をしたか記憶にない。彼女とは初対面だったこともあり、「つらい思いをさせてしまった。どうしよう。申し訳ない」という思いでいっぱいだった。

今回のシンポジウムで、哀しみを語ることについて波平恵美子先生は「物語は油絵を完成させるように、ひと筆ひと筆なぞるように、一人の人が語り始めた物語を、二人目が書き、三人目が書き、何百人、何千人の人が語り継いでいって、初めてそれは子どもの死を乗り越えていくための物語になっていく」と表現されていた。

鷲田清一の『まなざしの記憶』のなかに「ほんとうに苦しいことについてひとは話しにくいものだ。忘れてしまいたいということもある。どのように語っても追いつかないという想いもあるだろう。（中略）じぶんにとってもまだ言葉になっていないような言葉、ひとつひとつその感触を確かめながらでないと音にできない言葉だ」とある（鷲田清一『まなざしの記憶』ＫＡＤＯＫＡＷＡ、二〇一六年、一五六～一五八頁）。

また、河合隼雄と鷲田清一による対談『臨床とことば』（朝日新聞出版、二〇〇三年）には、次のようなやりとりが見られる。

鷲田――だからこうやってコミュニケーションというか、会話している時でも、つい、相手から漏れてくることばが待てなくって、先に、これはこういうことなんじゃないの、とか、解釈してしまう。（後略）

河合――やはり摑むんですよ。

鷲田――摑むことで聴けなくなってしまう。（後略）（三八～三九頁）

相手から今にも漏れそうになる「言葉」、そしてその「言葉」を聴き手が自分の解釈で摑《つか》んでしまうことの危うさを指摘している。

波平先生のお話と右記の内容から、冒頭の女性を思い出した。彼女に対してわたしが言葉をかけるより、彼女自身が「自ら語る」ことが重要なのだと気がついた。

『いのちのケア』の手記には、より身近な人（配偶者・両親・親しい友人）に対して「子どもの死」への哀しみを語ることができない反面、亡くなったわが子をもっと知ってほしいというご家族の思いが綴られている（武田康男編『いのちのケア――子どもの生と死に向き合う医療と療育』共同医書出版社、二〇一二年）。長年「Withゆう」の方がたと親交のある鈴木由利子先生は、メンバーの方がたがわが子との思い出を作成したアルバム等を展示に貸し出す際、「わが子が人様の役に立てる、送り出す気持ち」という感情になると聞いたそうだ。

「Withゆう」の方々の展示を拝見したとき、わたしは足がすくんでしまった。言葉が出なかったし、今、思い返しても言葉は見つからない。ただ、俯《うつむ》くことしかできなかった。

冒頭の女性にとっても、「Withゆう」の方がたにとっても、わたしは「身近な人」ではない。しかし、その哀しみに触れたとき、「一人一人の子どもの死」に対して「子ども・遺族・わたし」という新たな関係が生まれる。

波平先生の言う、物語は「ひと筆ごと」に語った人、語りを聴いた一人一人が、子どもの死に対してさまざまな形で絵筆を進める。わたしは「Withゆう」のみなさんの展示を見て言葉が出なかった。その絵は絵筆がなかなか進まないかもしれない。しかし、誰かが絵筆をとり続ければ、次の語りが、次の絵が、鷲田の言う「じぶんにとってもまだ言葉になっていないような言葉」を生み出していくのではないだろうか。

全訳 封神演義《ほうしんえんぎ》 全四巻

中国古典神怪小説の集大成。
現在でも信仰され愛される哪吒や楊戩（二郎神）など
神仙たちが登場し、姜子牙（太公望）が
悪逆非道の紂王・妲己を打倒する。

【一巻】人物紹介／地図（殷末西周初期）
プロローグ
第一回 〜 第二十五回
コラム……二階堂善弘

【二巻】人物紹介／地図（殷末西周初期）
第二十六回 〜 第五十回
コラム……中塚亮

【三巻】人物紹介／地図（殷末西周初期）
第五十一回 〜 第七十五回
コラム……山下一夫

【四巻】人物紹介／地図（殷末西周初期）
第七十六回 〜 第百回
コラム……二ノ宮聡

めくるめく
中国古典ファンタジーの世界へ、
ようこそ！

*「封神演義《ほうしんえんぎ》」とは……

中国明代に成立した神怪小説。『商周演義』、『封神伝』、『封神榜』、『封神榜演義』ともいう。史実の殷周易姓革命を舞台に、仙人や道士、妖怪が人界と仙界を二分して大戦争を繰り広げるスケールの大きい作品。文学作品としての評価に加え、中国大衆の宗教文化・民間信仰に大きな影響を与えたとされる。著者（編者）は一般に許仲琳《きょちゅうりん》とされることが多いが、定説はない。

二階堂善弘［監訳］／
山下一夫・中塚亮・二ノ宮聡［訳］

第一巻…978-4-585-29641-6 C0097 | 2017年9月刊行
第二巻…978-4-585-29642-3 C0097 | 2017年11月刊行
第三巻…978-4-585-29643-0 C0097 | 2018年1月刊行
第四巻…978-4-585-29644-7 C0097 | 2018年3月刊行

本体 各巻 3,200円

るもののイメージとマ…（…）…ントレマイオス朝エジプトの… ラフィティと知の伝達
名古屋大学人文学研究科人類文化遺産テクスト学研究センター［編］

世界神話入門
篠田知和基［著］◎2400

グリム童話と表象文化 モティーフ・ジェンダー・ステレオタイプ
大野寿子［編］◎4600

対立する国家と学問 危機に立ち向かう人文社会科学
福井憲彦［編］◎2700

美術・音楽・芸能

鳥獣戯画　修理から見えてきた世界
国宝　鳥獣人物戯画修理報告書
高山寺［監修］／京都国立博物館［編］◎10000

アジア遊学

216 **日本文学の翻訳と流通** 近代世界のネットワークへ
河野至恩・村井則子［編］◎2800

215 **東アジア世界の民俗** 変容する社会・生活・文化
松尾恒一［編］◎2800

214 **前近代の日本と東アジア** 石井正敏の歴史学
荒野泰典・川越泰博・鈴木靖民・村井章介［編］◎2400

書物学

第12巻 **江戸初期の学問と出版**
編集部［編］◎1500

第11巻 **語りかける洋古書**
編集部［編］◎1500

第10巻 **南方熊楠生誕150年**
編集部［編］◎1500

小池百合子氏は流行神だったのか
これでよいのか、現状の日本
加瀬英明［著］◎1000

澁澤龍彥論コレクション（全5巻）
1澁澤龍彥考／略伝と回想
2澁澤龍彥の時空／エロティシズムと旅
3澁澤龍彥 幻想美術館／澁澤龍彥と「旅」の仲間
4澁澤龍彥を語る／澁澤龍彥と書物の世界
5回想の澁澤龍彥（抄）／澁澤龍彥を読む
巖谷國士［著］◎Ⅰ・Ⅱ 各3200
Ⅲ・Ⅳ・Ⅴ 各3800

国語・言語学

西來寺本仮名書き法華経
原色影印
萩原義雄［編］◎38000

日本語のなかの中国故事
知っておきたい二百四十章
小林祥次郎［著］◎4200

日本語程度副詞体系の変遷
古代語から近代語へ
田和真紀子［著］◎6000

詩的言語と絵画
ことばはイメージを表現できるか
今野真二［著］◎2800

思想史のなかの日本語
訓読・翻訳・国語
中村春作［著］◎2800

図書館学

入門デジタルアーカイブ
柳与志夫［責任編集］◎2500

学校図書館への研究アプローチ
わかる！図書館情報学シリーズ4（全5巻）
日本図書館情報学会研究委員会［編］◎1800

G・E・モリソンと近代東アジア
東洋学の形成と東洋文庫の蔵書
公益財団法人 東洋文庫［監修］／岡本隆司［編］◎2800

トップランナーの図書館活用術
才能を引き出した情報空間
岡部晋典［著］◎2000

ポストデジタル時代の公共図書館
植村八潮・柳与志夫［編］◎2000

宗教・民俗・社会

HERITEX VOL.2
①文化遺産としての朝鮮… ②前近代社会における知の伝達方法／③聖なる…採石場におけるグ…
［編］◎…800

日本古代交流史入門
鈴木靖民・金子修一・田中史生・李成市［編］◎3800

邪馬台国全面戦争 捏造の「畿内説」を撃つ
安本美典［著］◎2800

高天原は関東にあった 日本神話と考古学を再考する
田中英道［著］◎2800

日本の起源は日高見国にあった
縄文・弥生時代の歴史的復元
田中英道［著］◎1000

鎌倉を読み解く 中世都市の内と外
秋山哲雄［著］◎2800

武蔵武士の諸相
北条氏研究会［編］◎9800

江戸庶民の読書と学び
長友千代治［著］◎4800

江戸の異性装者《クロスドレッサー》たち セクシュアルマイノリティの理解のために
長島淳子［著］◎3200

歴史のなかの根来寺 教学継承と聖俗連環の場
山岸常人［編］◎3800

夢の日本史
酒井紀美［著］◎2800

琉球史料学の船出 いま、歴史情報の海へ
黒嶋敏・屋良健一郎［編］◎4200

杉田玄白評論集
片桐一男［著］◎6000

シーボルト事件で罰せられた三通詞
片桐一男［著］◎4200

紅毛沈船引き揚げの技術と心意気
漁師・村井喜右衛門の壮挙　付 関係資料
片桐一男［著］◎6000

西郷隆盛事典
志村有弘［編］◎5000

戦争社会学研究　第1巻
ポスト「戦後70年」と戦争社会学の新展開
戦争社会学研究会［編］◎2200

通州事件 日本人はなぜ虐殺されたのか
藤岡信勝・三浦小太郎［編著］◎1500

歴史

石井正敏著作集

第1巻 **古代の日本列島と東アジア** 鈴木靖民・赤羽目匡由・浜田久美子［編］◎10000

第2巻 **遣唐使から巡礼僧へ** 村井章介・榎本渉・河内春人［編］◎10000

第3巻 **高麗・宋元と日本** 川越泰博・岡本真・近藤剛［編］◎10000

第4巻 **史料と通史の間で** 荒野泰典・須田牧子・米谷均［編］◎10000

近代日本の偽史言説 歴史語りのインテレクチュアル・ヒストリー 小澤実［編］◎3800

近世蔵書文化論 地域〈知〉の形成と社会 工藤航平［著］◎10000

古文書研究 第84号 日本古文書学会［編］◎3800

紙の日本史 古典と絵巻物が伝える文化遺産 池田寿［著］◎2400

古文書料紙論叢 湯山賢一［編］◎17000

ケンブリッジ大学図書館と近代日本研究の歩み 国学から日本学へ 小山騰［著］◎3200

中世東大寺の国衙経営と寺院社会 造営料国周防国の変遷 畠山聡［著］◎10000

里山という物語 環境人文学の対話 結城正美・黒田智［編］◎2800

水中文化遺産 海から蘇る歴史 林田憲三［編］◎2800

知っておきたい歴史の新常識 歴史科学協議会［編］◎2800

地域から考える世界史 日本と世界を結ぶ 桃木至朗［監修］／藤村泰夫・岩下哲典［編］◎4200

勉誠出版

千代田区神田神保町3-10-2　TEL03-5215-9021
FAX03-5215-9025　Website=http://bensei.jp/
Email=info@bensei.jp　［表示価格税抜］

醍醐寺叢書 研究篇

醍醐寺の仏像

総本山醍醐寺［監修］／副島弘道［編］

『醍醐寺の仏像』全五巻予定

第二巻 菩薩　第三巻 明王　第四巻 天　第五巻 その他

＊価格未定 年一回刊行予定

国宝・重要文化財を含む
醍醐寺に伝持されてきた仏像作品130余件を
豊富なフルカラー写真図版で紹介。
形状や構造、来歴、胎内納入品など、
長年にわたる調査・研究の蓄積による
詳細な解説を附した基礎資料集成。

国宝　木造薬師如来

第一巻 如来《にょらい》

国宝の「木造薬師如来および両脇侍像」や
初紹介となる「水晶宝龕入り木造阿弥陀如来立像」（鎌倉時代前期）など、
29作品を600点余の写真資料と共に紹介する。

本体四八、〇〇〇円（＋税）

A4判上製函入クロス装
オールカラー四八〇頁
二〇一八年一月刊行
ISBN978-4-585-27201-4 C3071

［ディスカッションⅡ］…

哀しみを癒やす

司会：安井眞奈美

ヘレン・ブラウン

佐藤由佳　李　仁子　鈴木岩弓

安井　本日のテーマは、子どもの死です。息子さんの死と向き合った半生を描いた『クレオ』の著者、ヘレン・ブラウンさんとともに進めていきます。最初に、ヘレンさんのお話を聞かれた会場の方からのコメントを読ませていただきます。

「来月一〇月は一八歳で亡くなった次男の命日がありま す。一八年、一八回の命日、生きた年数と亡くなった年数が同じになります」と。このあと、息子さんへの思いが書かれており、あるエピソードが紹介されます。

ある日、ご本人であるお母様とお父様、そしてご長男、この三人が同じように夢をご覧になった。それがまったく同じ夢だった。夢の中で、亡くなられた次男の方が「みんなが思うときは、俺も思っているから。いつも思っているから、だから生きて」とおっしゃった。「三人で大泣きしました。長男は大学四年、弟を可愛がっていました」と。「宗教は無宗教ですが、強いていえば、亡くなった次男にちなんで、〝次男宗〟かな」と書いておられます。こういう経験をされた中で、「子どもを失い、望みのない日を送りながら、やっぱり一番の生きる力は亡くなった子からの家族への愛です。授かった命は親として私たちを選んでくれたものと思っています」と書いておられます。ご家族の貴重なお話をご紹介いただき、本当にありがとうございます。

次に質問です。これは私もぜひ伺ってみたいです。「息子さんの死の直後に家にやってきた愛猫・クレオを亡くしたときは、また苦しくならなかったですか」。クレオが二四年生きて、そして亡くなったとき、ヘレンさんはそれをどのように受け止められましたか。

ブラウン クレオが二四歳で亡くなって、ずいぶん年を取った女性として、最初は彼女の死を認めるつもりだったのです。けれどもわたしの母は、クレオに対して、「ただの猫だ」と言うのです。動物に対して母が一貫して抱いていた感覚のようです。しかしわたしは、クレオが亡くなったとき、非常に哀しみました。それはもしかしたら、亡くしたサムという息子とクレオとの関係があったからではないかと考えています。そのあと、いろいろな方からメールをいただきました。そしてみなさんも同じように動物に対して、猫に対して、まるで人間のような扱いをされていることがわかりました。動物には、大切な価値があるのではないでしょうか。動物と人間は非常に親密な関係があると思っています。

安井 『クレオ』の冒頭でも、犬が好きだったけれど、猫派に変わっていく、というところが印象深く書かれていましたね。

ブラウン 私の母が言った、「ただの猫」という言葉を、本の中には書けていません。

安井 作品の中で、ヘレンさんのお母さんはなかなか辛辣な方で、とてもいい味を出しておられます。「ただの猫」どころか、ヘレンさんはすべての動物が好きだと。

ブラウン すべての動物が好きになりました。人間に対して、動物は利益を及ぼしているということです。

安井 日本でもペットを飼うことは、すごく重要な意味をもっています。グリーフケアのない時代に、ヘレンさんが自らグリーフワークをするプロセスを、クレオが本当にお手伝いしたのだということが伝わってきます。

では次に李仁子さん、ご発表の中で、ぜひヘレンさんにお伺いしたいとおっしゃっていた質問を、もう一度お願いします。

李 震災や事故が生じると、大勢の人が同じ時間に、あるいはその地域全体が、同じ哀しみを抱くことになります。このような事態に対して、これだという答えが、そんなにあるとは思えないところがあります。たくさんの方がたにお会いされたヘレンさんから、わたしが紹介した二つの出来事に対して、何かお考えをいただけたらと思います。

ブラウン　わたしが今回、東北に来たかった理由の一つはそれです。震災が起きて、大勢の人が被災し、そして哀しみに包まれた。みなさんのお話を伺って、シンボルがどれほど重要であるかに気づきました。たとえば山です。先ほど霊場の話がありましたが、霊場が山にあることはよくあります。国は異なっていても、共通しているところは意識できます。人間は同じですから。シンボルが大事ではないかと思います。

何かたいへんな震災や事故が生じたとき、大勢の人びとが犠牲になるとき、本日の話を聞いて、歴史がどれほど大事であるかということに再び気づきました。私たちの先祖が困難に対して、あるいは大勢の人が死ぬことに対してどういうふうに応じてきたのか、その歴史を考えることが大切ではないでしょうか。

安井　ありがとうございます。鈴木岩弓さんがご発表なさったように、日本の死の儀礼の中で、また「弔い上げ」というプロセスの中で、集団でグリーフケアを行っているような仕組みが、文化の中で丁寧に作られてきたと思います。人類学的な視点からすると、日本の文化だけではなく、おそらくどの文化においても、命が生まれる誕生の儀礼、そしてそれと対照的な形で行われてきた死の儀礼が、いずれもきちんと作用してきたと言えます。それが急速に崩れていく中で、個人として死を受けとめなければならない現実の中で、私たちは戸惑いつつあるのかもしれません。

では、引き続き感想をご紹介していきます。佐藤由佳さんが立ち上げられた「With ゆう」のグループで、一緒にご活動されている方がたからも、「本日、参加して本当によかったです」とコメントをいただき、嬉しい思いでいっぱいです。

佐藤さんから、ヘレンさんに何かご質問はありますか。

佐藤　本を書くにあたって、いろいろ振り返りがあったと思います。お子様のことを書かれる上でたいへんつらいこともあったと思います。二五年目で書き上げたとおっしゃいましたけれども、実際、どのぐらいの期間で書かれたのでしょうか。

ブラウン　確かに、本を書くまでに二五年かかったんですね。それは心の準備が必要だったからです。そうしてようやく本を書き始めるんですね。自分のためではなく、読者のために書かなくちゃいけないと思いました。でも書いている途中、わたしは乳がんになりました。入院して、手術を受けた。そして退院したとき、わたしにあとはないと思った。自分は死ぬ、だからこそ、今書かなくちゃいけない。それで最初からまた書き直しました。原稿ができたから、出版社に渡した。反応はよかったのですが、足りないところがありました。出版社の編集者が本当に深く読んで質問を始めた。「あなたの話をわたしが読んでいるとき、わたしはあなたと一緒にその部屋にいるわけではない。サムが死んだその日、あなたの気持ちはどうだったのか」。そうして、書き直しが始まったんです。今度は、息子が死んだときの痛みを思い出しながら、また書き直しました。でも、けっして忘れてはいけないことは、ユーモアも笑うことも、人間にとって大事なことだという点です。

安井　会場の方からも同じように、書くこと自体は癒しになりましたか、というご質問をいただいていますので、お答えいただけますか。

ブラウン　誰かを亡くしたとき、日記をつけたほうがいいと思います。日々、自分が感じていること、考えていることを書くことですね。ただ、この日記は本になるとは思わないでください。本を書くことはまた別なものです。本を書いて一番よかったことは、いろいろな読者と出会って、その人たちの話を聞くことができた。それが一番の宝物です。

安井　『クレオ』を書かれた一番の醍醐味ですね。わたしたちも、まさに『クレオ』のおかげで出会えたわけです。

では次に、鈴木岩弓さんに質問させていただきます。ヘレンさんの『クレオ』がすでに一七ヶ国で翻訳されていて、最初、なぜ日本語で翻訳されないんだろうと思いました。もしかしたら作品の中にキリスト教のことが詳しく描いてあって、日本では少し敬遠されるというか、理解しがたいのかな、と思いました。

しかし、『クレオ』を読み進めていくと、ヘレンさんご自身はクリスチャンではなくて、どちらかというと無宗教のようなことを書いておられます。その点では、もしかしたら日本の読者にも読みやすくなっているのかもしれません。宗教という点からグリーフケアを捉えた場合、どのように考えられるでしょうか。

鈴木　わたしは宗教民俗学を専門にしているものですから、日本の一般庶民の信仰場面に見られる感覚がどうなっているかについて関心があります。仏教の教えどおりになんかなっていないような、信じる側が勝手に形を変えて信じている信仰の実態を取りあげています。教えに照らして正しいとか正しくないとかではなくて、教えを変化・曲解して信仰している事実がわれわれ人間にとってどんな意味があるのか、ということを研究しています。

そういう立場から考えると、日本人の信仰は、キリスト教国などとは少し違う部分があるのではないかと思います。たとえば、霊魂、死後霊魂の存在などに関しても、世界中の文化の中にそうした事例を見いだすことができると思います。日本の場合、死後霊魂の存在について、戦後いろいろな新聞社がやってきたアンケートによると、信じていない人が二割から三割、常にいて、多いと六、七割の人が信じているという状態なんです。死後霊魂の存在を信じているから、われわれの七割は一年に一回はお墓参りに行くのですね。お墓参りに行くのは、墓石を見るのが大好きだからではないでしょう（笑）。普通は墓石を見に行くのではなく、墓石に埋もれている先祖の霊と対峙する、そうした目的で行くと思います。死後の霊の存在を信じているから行くわけです。

多くの日本人の死後霊魂に対する感覚は、キリスト教的なものと少し違っています。日本人の中には、先祖がいつの間にか神として子孫を守るという、死んだ人が神となるという考え方が見られます。これについては、柳田國男という民俗学者が戦前から指摘しています。農耕に従事してきた日本の伝統社会では、田んぼを臨む少し高くなった山裾に住居を建てて生活を営み、家の後ろのさらに少し高い所に墓を設けて死者を葬ってきました。墓に埋もれた死者の霊魂は、死後の時間経過とともに死のケガレが薄まり、裏山の高い所に上がっていくと考えられていました。「弔い上げ」という死後三十三回忌や五十回忌を過ぎると、次第に山の上に上ってきていた死者の霊魂に付いた死のケガレはすっかり落ちて、「先祖」というそれまでの死者の霊魂の集まった集合体の中に入り込み、「氏神」になると考えられていました。山の頂上には氏神の祠《ほこら》があって、氏神はそこから麓の子孫を見守っている、というのです。「氏神」イコール「先祖」だという言い方を柳田國男はしているわけです。こうした図式は、現代日本にもけっこう生きている部分があるのではないかと思います。

言いづらいことですが、それが、戦争で死んだ人が神になるという言い方にもつながってきます。そこにアジア諸国との間でいろいろ感覚の違いが出てきたりするわけです。死者が神になるという感覚、神、神的存在とわれわれ人間とが実はつながっているという考え方は、キリスト教やムスリムでは、こんなことを言ったら怒られるような異なった価値観をベースにもっているわけです。

ヘレンさんご自身が敬虔なキリスト教者ではないにしても、キリスト教的な素養の中にいるわけですから、日本人のそのような考え方とは少しずれてくるところがあるのではないかと思います。

あと、「死後の死者の成長」についてどう考えるかという点があります。このことには、二通りの考え方があります。一つは死んだあの子、水子《みずこ》だったあの子は二五年経った今、ようやく結婚できる年齢に成長したというものです。未婚のままに亡くなった死者のため、死後に結婚させる習俗は、現在もなお見ることができます。今ではもう、二五歳だという考え方です。一方で、赤ん坊で死んだあの子は、あのままずっと赤ちゃんだから、二五年後の今もミルクを納める、と言う人もいます。

このあたり、日本人はけっこう自由に、奔放に、いろいろな感覚を並行しているような部分があります。それを統合して見ると理屈に合っていないのだけれど、その場ではそれで済んでいるということがあるのではないかと思います。いい、悪いの話ではないんですね。

安井　ありがとうございます。日本での死者に対する、そのような柔軟な対応が、個人が納得できる形での弔い方を生み出し、ひいてはそのことが、個人のグリーフケアのような働きをしていたのかな、と思います。

ではヘレンさん、最後に会場のみなさんにメッセージがありましたら、ぜひお願いいたします。

ブラウン　みなさん、わたしをこのように仙台に歓迎してくださって、本当にありがとうございます。長いシンポジウムをずっと聴いていただいたみなさん、どうもありがとうございました。このたび仙台に来て、いろいろ見せていただき、その意義は何か、これからじっくり考えていきたいと思います。発表者のみなさんにも感謝しています。非常に興味深いご発表でした。

(本稿は、二〇一六年九月一九日に東北大学片平さくらホールにて開催した連続シンポジウムⅠ「子どもの死を考える」のディスカッションをもとに加筆したものです)

通訳：デール・アンドリューズ（東北学院大学教養学部准教授）

第3章　出産の場におけるグリーフケア

哀しみに寄り添う
——民俗学の立場から

鈴木由利子

妊娠・出産をめぐる意識変化

「哀」と言う字は、衣で口を覆い隠し悲しみに耐える姿を表しているそうです。まさにこの字が表すように、幼いわが子を亡くして深い悲嘆を抱えながら日常を送っている人びとがいます。

多産多死の時代を経て、戦後は新生児死亡率や乳幼児死亡率は減少し続け、平成二六年には新生児死亡率が〇・九パーセント（九五二人）、乳幼児死亡率が二・一パーセント（二〇八〇人）となり、子どもの死を見聞きすることはほとんどなくなりました。

さらに、医療機器の発達も著しく、一九七〇年代以降は、妊婦検診の際に超音波《ちょうおんぱ》断層装置が利用され始めたことで、早期に妊娠の異常に対処できるようになりました。同時に、母体内の胎児が可視化されたことにより、人びとは母体内の胎児をわが子、わが子の命と認識するようになりました。近年は、薬局で手軽に購入できる妊娠検査薬により、着床後わずか五日での妊娠判定が可能です。そのため、早期の流産でもわが子の死と認識する傾向が見られ、流産・死産経験者の悲嘆は、見逃すことのできない問題となっています。

誕生後の子どものみならず流産や死産によってわが

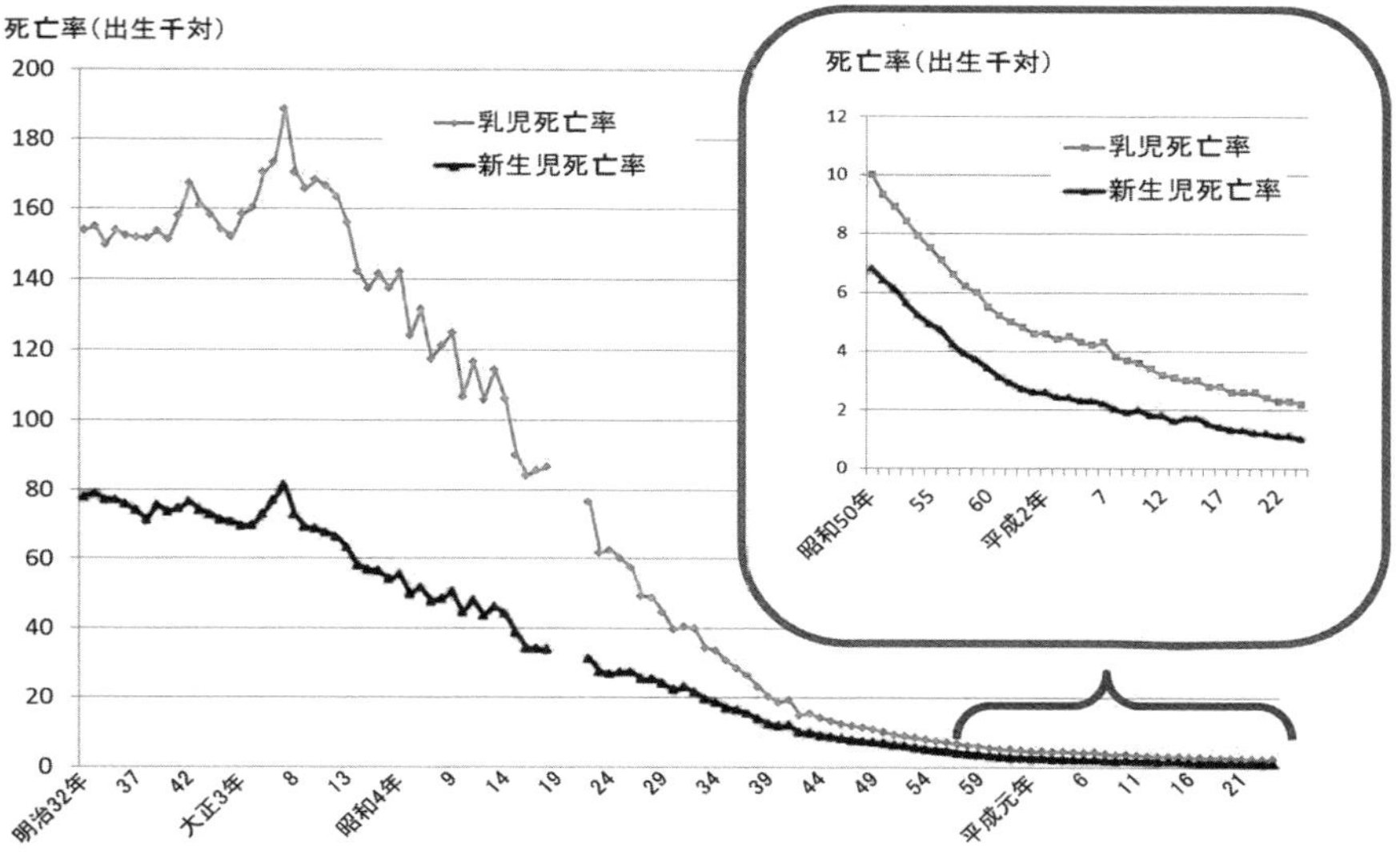

新生児死亡率・乳幼児死亡率の年次推移（資料：『「健やか親子21（第2次）」について検討会報告書』平成26年「健やか親子21」の最終評価等に関する検討会、厚生労働省）

子を亡くすという悲嘆は、歳月を経たとしても癒えることは難しく、哀しみを抱えて暮らす人びとの層はかなり厚いといえるでしょう。

これらの人びとの悲嘆に寄り添い理解するためには、何が必要なのでしょうか。流産・死産を経験された方がたから伺ったお話を参考にしながら、民俗学の視点で「子どもの死」を考えてみたいと思います。

なお、流産・死産の定義について、現在、日本産科婦人科学会では妊娠二二週未満を流産、妊娠二二週以降を死産としています。また、厚生労働省では統計集計上、流産の項目はありませんが、死産は妊娠一二週以降としています。一方、一般の人びとの認識として、流産は妊娠初期の人の形を成さない時期、死産は妊娠後期で人の形を成している時期との認識があります。ここでは主に一般の人びとの認識によるものを用います。

かつては、妊娠や出産の過程で、母子の命が危険にさらされることはけっして珍しくはありませんでした。そのため、何事もなく妊娠期間を過ごし、無事に出産を終えることは人びとの切実な願いでした。無事に誕生したのちは、子どもが健やかに成長し一人前の大人となることが最大の願いだったのです。しかし、幼い子どもの命は、未熟で弱々しく誕生後間もなく失われることも多かったため、成長の節目節目に儀礼を執り行うことで健やかな成長を願いました。

これら一連の儀礼は、妊娠期の安産祈願に始まり、誕生後には、産湯《うぶゆ》を使わせること・産着《うぶぎ》を着せること・名付け・初宮参り・食い染め・初誕生・初節句・七五三と、順次執り行われました。そして、これらの儀礼は、生命力が十分に備わらない誕生直後ほど頻繁に、成長するにしたがって徐々に間遠に設定されていました。このような儀礼のいくつかは、現在も行われていますが、子どもの死亡率が低くなった現在は、かつてほどの切実さを伴うものではなくなっています。

胎児への意識

妊娠　初期は、自然流産の可能性も高いため、かつては安定期になって初めて妊娠が確実になったことを自覚し、周囲にも公表しました。また、出産は「棺桶に片足を入れて臨むようなもの」「始まってみなければ何が起こるかわからない」などと言われ、時として母子の生死を分かつものとの認識もありました。「産着やオシメは生まれる前に作るものではない」との言い伝えには、無事に誕生する保障がなかった、もしくはたとえ誕生したとしても、生きていける保障がなかったことを示します。そして、これらの伝承は、妊娠・出産の危険性を示すとともに、妊産婦に自覚させる役割も担っていたことを窺わせます。つまり、万が一不幸な事態が起こった際には、精神的セイフティネットの役割を果たしたとも考えることができます。

次に、ここで出産が行われる場所に注目してみます。一九六〇年代を境として自宅出産から病院出産へと産みの場が変わり、医療の管理下で安全な出産が実現するようになりました。一九七〇年代半ば以降は、妊婦検診に超音波断層装置が使用され始め、早い段階で異常に対処できるようになり、妊娠・出産に伴う危険はある程度回避できるようになりました。同時に母体内の胎児が視覚で確認できるようにもなりました。

近年は、超音波画像はより鮮明になり、リアルタイムの動画で胎児を確認することが可能となっています。そのため、胎児をわが子と認識する意識は一層揺るぎないものとなり、胎児期だけの愛称「胎児ネーム」を付けて語り掛けることも一般化しつつあります。また、妊娠中から育児用品を豊富に準備しておくことも当たり前となっています。さらに、子どものための学資保険の中には、出産予定日一

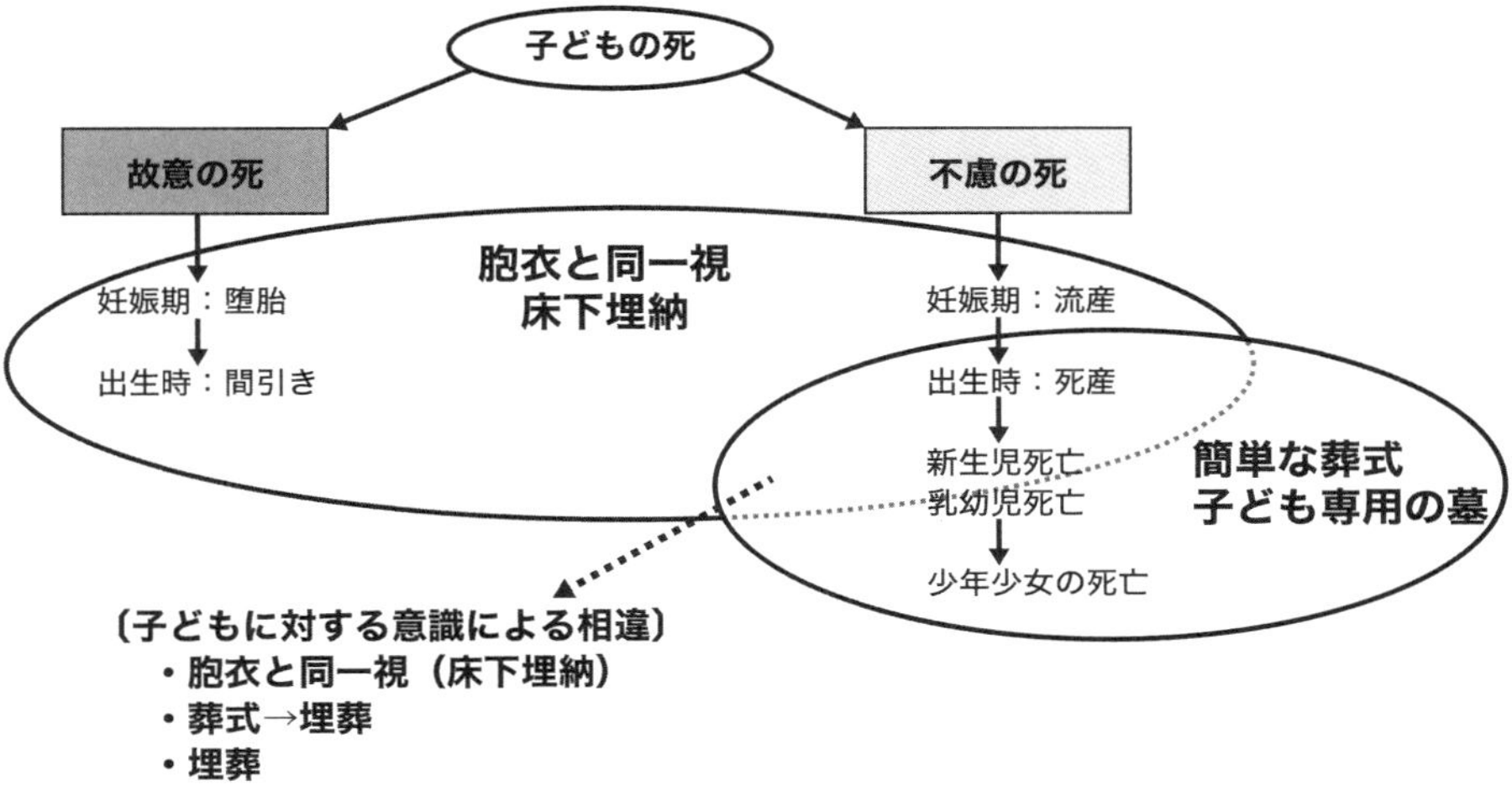

子どもの死とその処置

四〇日前からの加入が可能なものもあります。これらは、子どもが無事に生まれることが当たり前になったことを示すとともに、社会が胎児を一人の人間・個人の命・わが子と見做すようになったことを示します。

子どもの死に関する意識　子どもの死亡率が高い時代から低い時代へ変化する過程において、子どもの死に対する認識も変化してきたと考えられます。子どもの死は、これまでどのように考えられていたのでしょうか。『日本産育習俗資料集成』『日本民俗地図』に所収された明治期から昭和初期に至る子どもの遺体の葬り方に関する資料を参考にして考えてみます。

「子どもの死」と一口に言っても、流産や死産、新生児、乳児、幼児そして少年少女に至る死までを含み、その期間の子どもの肉体的・精神的成長は著しく、その時々の子どもに対する人びとの思いもさまざまです。さらに、資料からは、望まれて誕生する子どもがいる一方、誕生を望まれず堕胎や間引きの対象となった子どもの存在も明らかになります。そこで、望まれた子どもが亡くなった場合と、堕胎や間引きで故意に命を絶たれた子の場合とに分け、前者を「不慮の死」、後者を「故意の死」として区別して考えました。

「不慮の死」の場合、妊娠中の胎児がまだ人の形を成していない遺胎については、おおむね胞衣《えな》（胎盤・臍帯など）と同様に処置されました。人の形を成している場合や死産児、誕生直後に死亡した嬰児《えいじ》についても、その多くは胞衣と同様に処置されましたが、そのうち何例かは、墓に埋葬する例が見られ、その前提として湯に入れたり、名付けが行われています。これは誕生した際に行われる儀礼である産湯や名付けを執行することにより、たとえ死児であっても誕生児と見做して葬ったと考えられます。このような子どもは誕生を待ち望んだ子どもであったと思われます。一方、無事に誕生し養育した子どもが夭折《ようせつ》した場合、墓への埋葬が行われたりあるいは簡単な葬式後に墓に埋葬しています。葬式をせずに墓に埋葬するのみ、簡略化された葬式であっても葬送儀礼が執り行われたことは「人の死」として認識していたことを示します。これに対して、堕胎や間引きによる「故意の死」の場合は、遺胎は胞衣として処置され葬送儀礼はまったく認められません。

このような死後の扱いから明らかになるのは、誕生を望み養育した子どもは、たとえ幼くして亡くなったとしても、葬送儀礼が執行される「儀礼の内の子ども」であり、誕生を望まない子どもは、葬送儀礼が執行されることのない「儀礼の外の子ども」であったこと、そして、胞衣と同様に見做されていたことがわかります。流産・死産の場合も、その多くは胞衣と同様に扱われていることから、胎児や死産児は胞衣と同一視する傾向が強く「人の死」としての認識が希薄であったことが示されます。ただし、胎児が人の形を成すか否かを処置と埋葬の基準としたり、死児に誕生儀礼を執行することで人の死と見做して葬る例がなかったわけではありません。

流産・死産をめぐる親世代の意識　胎児を胞衣と同一視する傾向が強い時代を経て、一九七〇年代半ば以降は母体内の胎児は可視化され、胎児に対して「わが子」意識が芽生えるようになりました。このような変化の中で、流産・死産がどのように認識されてきたのかを、前述の現出産世代とその親世代からの聞き取り調査を参考にしながら考えてみます。

現出産世代の親世代が出産年齢を迎えた時代、すなわち一九八〇年代から一九九〇年代は、妊婦検診に超音波断層装置が使用され始め、徐々に浸透し始めた時代です。しかし一方では、妊娠や出産の危険についての伝承が、まだ語り継がれていた時代でもあります。ここでは、そのような親世代の流産・死産の経験の例を紹介します。

親世代の流産経験者たちは、流産した子どもの遺胎がないことは、当たり前であると考えています。初期の流産では、「生理が遅れたと思っていたところ、生理が来たときにいつもと違って形のあるものが出たように感じた、もしかすると流産だったのかもしれない」との経験談は少なからず聞かれます。初期の流産は、月経の遅れと区別しがたいため流産だったかもしれないと思ったとしてもあまり気に留めませんでした。

一方、医師の処置が必要な流産の例では、流産後に親や近親者などから流産経験が語られたり慰められたりしたという経験者が少なくありません。そのような話を聞きながら「自分だけではなかった」と知り、また、「もともと育たない子だったのだ」「命がなかったのだ」などと慰められ「そうなのだ」「そうかもしれない」と感じて納得し諦めることで哀しみを深くすることはあまりありませんでした。

ほかに、流産後に近親者が「お札を受けてきてくれ、それで全身を拭い川に流した。それで気持ちに一区切りついた」「お守りを貰ったので子どもだと思ってしばらくの間身に付けていた」の例などがあり、精神的な安定や区切りをつけるための何らかの「装置」が、他者からもたらされることもありました。

このように親世代の流産の場合には、わが子の死としての感覚が希薄で、流産したことにあまり固執しない傾向が見られます。さらに、遺胎がないことを当たり前と考える傾向も見られます。そして何よりも、流産という危機的状況において、近親者たちが時を置かず直接訪れ、自身の体験を語り聞かせ慰めることで、哀しみを共有し共感することができました。そしてそれは、流産したばかりの人にとって大きな慰めにもなりました。また、お札やお守りが、気持ちの区切りとして機能したり精神的な支えとなった例も見られます。

以下に死産経験者のお話を紹介します。

死産ではあったが医師の配慮により、出生後の死亡としてくれたため、名前を付けて戸籍に入れることもできた。周囲から「母体に障るから亡くなった子に会わない方が良い」と言われ、「そういうものなのだ」と思い、亡くなった子どもには会わなかった。入院中で立ち会うことはできなかったが、夫が産着を着せて火葬した。死産後、産科病棟から婦人科病棟へ移り、専属の看護婦がついて世話してくれた。

見舞ってくれた近親者たちは、流産・死産の体験を語り、慰めや励ましの言葉を掛けてくれた。それまで語られたことがなかった話だったので「自分だけではなかったのだ」と初めて知った。彼女たちから「仕方なかった」「生まれてたとえ育っても弱い子だったと思う」などと言われて、「そうだな」「そうかもしれない」と納得できた。そして、「また自分は産める」「また、産もう」と思う気持ちが強く湧き上がってきた。

舅は、死のケガレがあるので地域の祭礼に参加しないと言った。それを聞いて「死産でも一人の死と認めてくれた」と思った。「落ち着いたら死産したことを皆に知らせ葬式をする」とも言われ、「亡くなった子が認められている」とも感じた。のちに、夫の実家で葬式をし、近親者や隣人が参列してくれたが、葬式をして気持ちに一つ区切りがついたと感じた。

以上からは、親密な人間関係や地域の習わしや価値観が世代を超えて共通であったことがわかります。「亡くなった子に会わない方が良い」という認識が当たり前で、ほかにも「亡くなった子の形見を残さない方がよい」「早く納骨した方がよい」「いつまでも哀しんでいると成仏しない」などとも言われ、少しでも早く哀しみに区切りを付け、早く忘れることが最善であるとの常識が広く存在しました。

前述の流産体験と同様に、近親者が見舞って自身の体験を語り、体験者の哀しみに共感し共有しました。このような状況を可能にしたのは、近親者との親密な関係性が構築されていたからこそでしょう。

さらに、死のケガレがあるとして舅が祭礼への参加を控えたことや、死を公表して葬式を行うと言われたことに対して、「死産であっても一人の死者として認められたと感じた」ことは、地域の習わしや価値観が共有されていることが前提です。そして、人の死と認められたからこそ、そこに「死のケガレ」という意識が生まれたこともわかります。

また、葬式を行ったことにより、生者と死者との間にあえて隔てが作られ、わが子の死を客観視する機会にもなったことがわかります。わが子の死を客観視することは、その死を受容する第一歩でもあったと言えます。このように儀礼を執り行うことは、死産児を「儀礼の内の子ども」にすることでもあります。儀礼は、悲嘆から立ち直るための「装置」として機能していたと推察できます。

これらをあえて民俗学的な視点で見るならば、死産児であっても名前を付け産着を着せたことは、無事に誕生した子どもと同じく一人の人間として承認するための誕生儀礼が執行されたことでもあります。さらに死産の場合、産着は死装束でもあります。このように、たとえ母体内の死であっても、名前を付けたり産着を着せたりすることは、命の誕生を承認すると同時に誕生前の死者を送る際の儀礼として重要な意味をもったと思われます。

現出産世代の意識

「With ゆう」の調査から　胎児に確かな命を感じ、母体内の胎児をわが子として意識するようになった現在、流産や死産を経験した人たちの悲嘆は想像以上のものです。

　死産率・乳幼児死亡率が減少したことで哀しみを経験する人の数は減少しましたが、「それがなぜ自分の子でなければならなかったのか」との思いがことさら強くなっていることも確かです。

　「With ゆう――流産・死産・新生児死等で子どもを亡くした家族の会」は、死産を経験した佐藤由佳さんが中心となり、二〇〇二年に仙台市に設立されました。現在、全国数ヶ所に支部があり、子どもを亡くした経験をもつ人たちが世話役を務めています。ホームページを通じての情報提供や交流と共に、年数回「おはなし会」を開催して経験者同士が実際に会って語り合う場を提供しています。「おはなし会」は自由参加で、時には医療関係者が出席して傾聴や助言などが行われます。また、学会やシンポジウムへの参加や研究機関への協力も柱の一つとなっており、社会に発信することにより同様の経験をもつ家族の悲嘆やそれを取り巻く状況が改善されることを目指しています。

　佐藤さんは「With ゆう」の役割について、一言で言うなら経験者それぞれの「ものがたりづくり」を支えることだと語ります。亡くなった子どもの生きた証《あかし》やその意味を確認すること、亡くなった子どもと家族との関係を構築することなどを通して、徐々にその家族の「ものがたり」が築かれ、深い哀しみの淵から少しずつ抜け出すことができるようになるのだといいます。しかし、このような「ものがたりづくり」の過程は、想像以上につらく長い時間を必要とするもので、そのような状況を医師をはじめとする医療関係者や一般の人びとにも理解してもらう必要があると言います。

医療者との関係　現在、出産の安全性はほぼ保障されています。前述したように、妊娠初期から超音波断層装置による検診も複数回行われ、胎児の成長過程や性別、妊娠中の異常なども早期に把握し対処できるようになりました。つまり、安心して妊娠期を過ごし出産を無事に終えることが当たり前となったのです。そのため、たとえまだ人の形を成さない時期であってもわが子と見做す感覚が強く、それは親世代が出産した時代とはまったく異なった認識です。つまり親世代の胎児や死産児に対する感覚は通用しなくなっているといえます。

流産・死産の場合、亡くなった子どもとの別れは病院内で行われます。特に、母親はショックのあまり混乱状態に陥ります。しかし、彼女たちから詳細を聞くと、混乱状態の一方において、周囲の状況を逐一鮮明に記憶している状況が見られます。特に、直後の医療者の対応や語り掛け、そのちょっとしたしぐさや視線などに非常に敏感で映像として詳細に記憶しているのです。医師や看護師が「子どもが亡くなった途端に無関心になった」「冷淡になったと感じた」あるいは「死は医療の対象外なのだと思ったが、仕方ないのかもしれない」などの発言が多く見られます。そして、医療者の言葉や対応によって深く傷つく場合も多いのが現状です。しかし反対に、彼らの対応や語り掛けが、後々まで心の支えになったり悲嘆から抜け出す一助になる場合もあります。

経験者に共通しているのは、流産や死産の場合には、戸籍に記載されないため、したがって生きた記録が何ら残らず、あたかも存在しなかったかのように見做されることが、つらさをより深いものにしていることです。

たとえば、制度的には埋葬を必要としない妊娠四ヶ月未満の流産であったため、胎盤業者が引き取りに来た例があり、父母たちは、病院に対して不快感と不信感を募らせ、自分たちで葬儀社に連絡を取ったという経験が語られました。たとえどんなに小さくとも父母にとっては紛れもない「わが子」であり、胎盤と同じに扱われることは想像もできないことだったのです。この例が象徴するように、たとえ月数が浅い流産であっても、現在は人として見做すこと、命への尊厳や霊魂への理解が必要なのです。

また、入院中無事に出産を終えた人と同室だった、病院食が祝い膳だった、「おめでとう」あるいは「男の子？女の子？」と病院職員に尋ねられた例などは、入院中に経験した話です。さらに一ヶ月検診の際に、受付をはじめとして診察する医師にも「お子さんはどうしたの？」と、赤ん坊を連れていないことを幾度となく聞かれたなど、病院側の配慮が必要との指摘も聞かれます。

これら当事者と医療者との認識のずれや情報の共有不足は、医療側の理解なしには解決できない問題です。このような現状を少しでも改善するためには、妊娠・出産が時には死と直結する場合があることを認識し対処への準備をすること、胎児や嬰児の死への対応も視野に入れたケアを意識することが必要です。特に、命を産み出す場である産科においては、母体内で命が誕生し生きたことを認めること、そして、全うできなかった命を悼《いた》むための対応も重要と思われます。

ある死産経験者は、お腹の中ですでに亡くなっていたわが子を陣痛に耐え出産した時のことを「たとえ死んでいるとわかっていても、生まれたときは嬉しかった」と語りました。この言葉が象徴するように、とりわけ母親にとっては命が芽生え育っていた実感があるのです。したがって、誕生を承認するための儀礼の意味をもつ産湯や、個人として承認する意味をもつ名付け、人として生き始めたことを意味する儀礼でもある産着を着せることなど、命が芽生えたことを喜び、亡くなっているとはいえ生まれたことを認める儀礼を、その意味を意識しながら丁寧に執行することは重要と思われます。また、手形、足形、髪の毛や写真など、形見や思い出を残すことの提案を医療側から促すことも有効なようです。

実際は、これらを行っている病院も少なくありませんが、その意味を理解し伝えることへの配慮や努力がないために、形骸化しているとしか伝わらない現状もあります。

いずれにしても、混乱のうちに短い別れの時をもたなければならない中において、誕生の儀礼と死の儀礼を意識して執行することは「儀礼の内の子ども」にすることにもなります。そのような儀礼を執り行うことは、わが子の死を受容するための一助になるのではないかと思われます。

亡くした子どもへの思い　ここでは、亡くなった子どもを取り巻く母や家族の思いについて紹介します。

母たちには、亡くした命は二度と取り戻せないとの感覚が非常に強いのですが、同時にこれとは明らかに矛盾する感覚、つまり「亡くなった子どもを早くお腹に戻さなければ」「早く戻して産みなおさないと」との感覚が強く見られ、これは自然に湧き上がってくる感覚のようです。

さらに退院後間もなくから、子どもの代わりにぬいぐるみを持ち歩く、ベビーカーにぬいぐるみを寝かせて押して歩くなど、周囲からは精神に異常をきたしたように見えて病院に罹ることを奨められたなどの例もあります。しかし、このような行動は、経験者たちにとっては、十分に理解可能な行動でありけっして病的ではないと言います。このような状態を経て徐々に日常に戻るのだと言います。

このほか、流産・死産の影響は、穏やかな日常に暗い影を落とすことがあります。

母たちのほとんどは、流産や死産を自身の「罪」であると感じていますが、その気持ちの中には「そう感じたい」「そう感じることが贖罪《しょくざい》になる」との気持ちがあり、苦しむことが償いであると感じ苦しみを日常化させることが少なくないのです。

また、哀しみに耐えられず、それまでの生活をリセットしたいという欲求から、家財を廃棄したり引っ越したりする例が多く見られます。夫婦間では、男女の悲嘆の感じ方の差や表現の違いがお互いの不信感を招き、それが離婚という最悪の事態につながる場合もあります。

兄弟姉妹にとっても心理的負担は重いのですが、幼いためにそのストレスをうまく表現できず、言動に異変をきたすことがあります。そして、周囲がそれにまったく気づかないことが多い傾向が見られます。

次の妊娠への問題もあります。次子妊娠への期待と同時に再び同じ状況になるのではないかとの恐怖心も強く、妊娠・出産に消極的になったり、妊娠しても強い不安感を払拭できなかったりする傾向が見られます。さらには望んで産んだ次子であるのにもかかわらず、愛することができずに虐待に走るケースも見られ、新たな悲劇を生むことにもなります。次子が歓迎され可愛がられるのに対して、亡くなった子が忘れられていると感じたり、みなに愛されることなく旅立った子への憐憫《れんびん》の思いが背景にあるのではないかとも言われます。

以上のように、流産・死産の経験は、時に家族を巻き込んでそれまでの平穏な生活を一変させてしまうことがあるのです。このように亡くなった子どもの存在はけっして小さいものではなく、そのような意味でも、悲嘆を理解し長期にわたり支え続けることが重要なのです。

子どもの魂との関係　家族は、子どもの魂を身近に感じながら日常を送っています。日常の暮らしには、魂となった子どもが常に寄り添い父母は「〜ちゃんが〜と言ってる」などと語り合ったり、話しかけたりすることが少なくありません。また、たとえば仏壇の線香の煙が自分の方にたなびいてくることで、子どもの存在を傍らに感じたり語り掛けてくれていると感じたりすると言います。このように日常のちょっとした出来事の中に、子どもの気配や存在を感じることが多く、それは親たちにとって、子どもの魂の存在を確かなものとして意識する大切な時間でもあるようです。

また、「Withゆう」の「おはなし会」を通じて知り合った親たちは、親同士の交流のみならず子どもたちの魂も出会い交流します。たとえば、亡くなった日を誕生日としてお誕生会に子どもの魂を招き合うことなどもあります。天国で子どもたちがお友達になり遊んでいることや、お世話をしたりされたりしていることなどを話題としておしゃべりをします。それらは、単なる想像ではなく、子どもたちが天国で楽しく生き生きと過ごしている様子を容易に連想させ、確かな事実のように感じられます。

このような子どもの魂についての話題は、それぞれの生活の中でかなり大きな比重を占めており、子どもたちの魂が家族の一員として生き続け、家族を支えていることを明らかにします。

「Withゆう」の役割　現在、妊娠・出産はプライベートなことと考え、特に流産や死産に関しては触れてはいけないこととする傾向が強くあります。当事者自身もまた、他人に安易に触れられることを望みません。さらに、かつては当たり前に構築されていた近親者との親密な関係性は、すでに消滅しつつあり、身近な環境の中で、哀しみを共有しにくい社会でもあります。したがって、子どもを亡くした人びとは、その中で孤立しがちです。また、親世代の意識と現出産世代の意識の差が、相互の関係に溝を作ってしまう現実もありますが、この点は、世代間の認識の差を知ることで感情的な溝を少しは埋めることが可能であるように思われます。

また、経験者は同じ経験者とのつながりを求めて、インターネット上でつながる例も多く見られます。自分一人ではないことが、癒しや前向きな感情をもたらすことが多いのですが、心ない書き込みにより深く傷つく場合もあり、諸刃《もろは》の剣とも言えるようです。

このような状況が見られる現在、「Withゆう」のような支援団体の役割は重要であると言えます。共通経験をもつ人たちが、対面して思いのたけを存分に語り合う場所は、自分の苦しみを心の中から取り出し、ほかの人にいったん預けることができる場でもあります。これは、かつての密接な人間関係の中で構築されていた悲嘆への対応と同じ構造でもあります。人は人とのつながりによって、悲嘆を乗り越えるための力を得ていることがわかります。わが子の死を受容できない母たちにとっては、それはわが子の死を受容するためのきっかけにもなるようです。

かつて、親密な近親者との関係性の中で悲嘆が癒されたように、「Withゆう」などの支援団体による人と人とが哀しみを共有できる場は、今後ますます必要になると考えられますが、その前提として、流産・死産直後の入院中のケアや退院後の支援団体との連携も必要でしょう。

「Withゆう」の「おはなし会」で語られる流産・死産の経験者の聞き取り調査をもとに、子どもを亡くした人びとの悲嘆について考えました。

胎児にわが子としての意識が希薄であった時代から、初期の流産においても「わが子の死」と認識するようになった現在へと胎児観は著しく変化し、現代はその両方の感覚をもつ世代が同時代に暮らしている過渡期とも言えます。同時に、死産や乳幼児死亡は著しく減少し、身近に子どもを亡くした経験者そのものが少ない時代でもあります。そのため、経験者の悲嘆は深く、また孤立しがちな現実があります。

さらに、かつては親密な人間関係のネットワークが張り巡らされ、深い悲嘆という危機的状況に対処するための仕組みが自然に構築され機能していました。それは同時に、わが子の死を客観視し受容するための一助にもなっていました。そのような人と人とのつながりが消滅しつつある現在、病院側の配慮や医療者による早期のケアの重要性が増しています。たとえば、入院中は人目を気にせず十分に哀しめる場所を提供する、医師や助産師・看護師の胎児観への理解、誕生と死の儀礼への視点をもつことやそれらへの配慮も重要でしょう。一般の人びとにとっては、子どもの魂とともに「ものがたり」を紡ぎながら生活していく家族への社会的な理解も大切です。

一方、近年は出産の現場が複雑化しています。自然妊娠における流産や死産だけでなく、不妊治療においての流産や死産も特異なことではない状況です。ある助産師は、流産しては次から次へと不妊治療を繰り返し、妊娠に至るまで進まざるを得ない医療現場の状況について、「命をどう考えているのかと思う」と語りました。これは、人工妊娠中絶全盛の昭和二〇年代から三〇年代の助産婦たちの言葉「子どもの命をどう考えているのだろうと思った」との言葉と重なります。当時は、子どもの数を制限するため既婚者の中絶が全盛期で、中絶体験者であっても胎児に命やわが子意識を感じる感覚が希薄な時代でした。そして現在、中絶と不妊治療、子どもの数の制限と子どもを得るという状況は異なるものの、そこで失われる命への視点はけっして重くはありません。

今はまだ受精卵に確かな命を感じる感覚は希薄ですが、今後、受精卵に確かな命やわが子意識をもつ時代が来たとき、悲嘆を感じる人びとの数は少なくないであろうことは予測されます。失われる命と育つ命の狭間で揺れ動く親たちの心理的ケアを考えるとき、医療機関のケアはもちろんのこと、経験者同士が対面し語り合う場が担う役割は、今後ますます重要なものになると考えられます。

参考文献
「Withゆう～流産・死産・新生児死等で子どもを亡くした家族の会～」編『大切な赤ちゃんとお別れをしたお父さん・お母さんへ』(Withゆう、二〇〇六年)
Withゆう「アンケート調査」二〇〇六年、二〇一五年
恩賜財団母子愛育会『日本産育習俗資料集成』(第一法規、一九七五年)
文化庁編『日本民俗地図』Ⅴ・Ⅶ(国土地理協会、一九七七年、一九八〇年)
鈴木由利子「流産・死産・新生児死でわが子を亡くすということ――〝Withゆう〟の取り組みから」(『女性と経験』四一、二〇一六年)

流産・死産に向き合う

佐藤由佳

息子の死産を経験して

妊娠を知ったときの喜び、そしてお腹の中で命を育む喜び――生まれてからの未来を夢見ながら、家族それぞれが新しい家族の誕生を楽しみにしています。そんなとき、突然お腹の中で子どもが亡くなってしまったら。たとえ生まれてきたとしても、生きることができなかったら。家族はどんな思いで時を過ごしていくのでしょうか。

本稿を通して、そのようなご家族の思いや心の動きを少しでも多く知っていただき、どのようなケアが必要とされているのかを考える機会にしていただければと思います。

私が息子を死産したのは、長女が小学二年生のときでした。夢と希望を抱きながらの妊娠生活でしたが、二〇〇〇年一二月、四〇週一日、常位胎盤早期剥離《はくり》で息子を死産し、私も生死をさまよい、助けてもらって、今ここにいます。死産をしてから、長い長い苦しみと哀しみ、そして自分ではコントロールできない、想像もつかない感情と戦ってきました。

入院中は、無事出産した人たちの嬉しそうな姿や、赤ちゃんの泣き声を聞くたびに、絶望感に襲われ、お腹の中の様子に気がつかなかった罪悪感で自分を責めました。病院の中にポツリと一人だけ取り残されているようで、つらさと孤独との戦いでした。私は息子の写真を撮ることも、臍《へそ》の緒《お》を残すことも、何もしてあげることができませんでした。どんなことをしてあげられるのかわからなかったからです。唯一、助産師さんに勧められ、短い時間ですが息子と対面することができました。前日までお腹の中で元気に動いていた息子です。一〇ヶ月、私のお腹の中で成長し、ともに時を過ごしてきた息子です。

息子と会うことで、死と向き合わなくてはいけない怖さもありましたが、息子との対面は、哀しみの中にいても、心穏やかになれる時間でもありました。しかし、家族で一緒にお別れする時間はありませんでした。

だからでしょうか、家に戻ってからは、息子の話が出ることもなく、家族それぞれが何ごともなかったかのように装っていました。こんなにつらく苦しんでいるのは自分だけだと思ってしまった私は、夫への不信感と、娘のわずらわしさに悩み、苦しみました。

自分の感情は異常ではないのか？　これから自分の感情はどのようになってしまうのか？　教えてくれる人は誰もなく、暗闇の中に佇んでいるようで、不安でたまりませんでした。私は救いを求め、インターネットにのめり込みました。ネットは間違った情報も多く、傷つくことも多くありましたが、救われたこともまた多くありました。死産を経験した人のホームページに初めてたどり着いたときは、こんなにつらく哀しい思いをしているのは、自分だけではないのだと涙が止まりませんでした。ネットの掲示板で死産を経験した方がたと出会い、その方がたの言葉に何度も救われ、声を荒げ泣いたときもありました。

掲示板で言葉を掛けてくれた一人の人が東北の方だと知り、心強く感じました。彼女は同じ仙台に住んでいて、第二子を私と同じ胎盤剥離で死産した人でした。誰にもわかってもらえないこの苦しみや哀しみをわかってくれる人が近くにいるのだと、飛び上がるほど喜びました。その後、彼女と会う機会ができました。会ったときは、お店だったこともあり、死産したときのことや、子どもの話はできませんでしたが、そういった話はしなくても同じ空間にいるだけでとても安心したのです。「一人じゃない」「子どもを亡くした哀しみやつらさを分かち合える人が近くにいる」そのことが私たちにとってどんなに支えになるかを感じた瞬間でした。

そして、同じような経験をした人が集まって活動をしている会を探すために、病院や区役所、公共機関に足を運んだり、助産師さんの会や新聞社に問い合わせをしたり、たくさんの時間を費やしました。しかし、「そういった会はあるかどうかわからない」という答えばかりで、逆に「もし、そういう会があったら教えてください」と言われたこともありました。だったら会を作ろう、と思い立ち、二〇〇二年、全国にいる同じ思いをもつ、子どもを亡くした親に声を掛け、一〇人で「Withゆう」を立ち上げました。すると、驚くほどの反響がありました。たくさんの方がたが、救いを求めていたのです。そして活動を通じて、たくさんの方がたの思いに触れました。

会の名前は、子どもを思う気持ちは悠久であり、あなた(you)と友人になり、一緒(with)に、勇気をもって少しずつ前進し、子どもと家族を結ぶ優しい場所になりますようにという思いから「Withゆう」と名付けました。

活動内容は、インターネット「天使の梯子」での情報発信、家族や医療者との集《つど》い、研究への協力、「赤ちゃんの死と家族のケア」についてのアンケート、流産・死産・新生児に関する他のピアサポートグループ(「天使がくれた出会いネットワーク」)での連携などです(tensigakuretadeai.net)(**図1**)。小冊子『大切な赤ちゃんとお別れしたお父さん・お母さんへ』は、自分たちが入院中にほしかった情報や、どんな言葉がほしかったのかなど経験者だからわかる

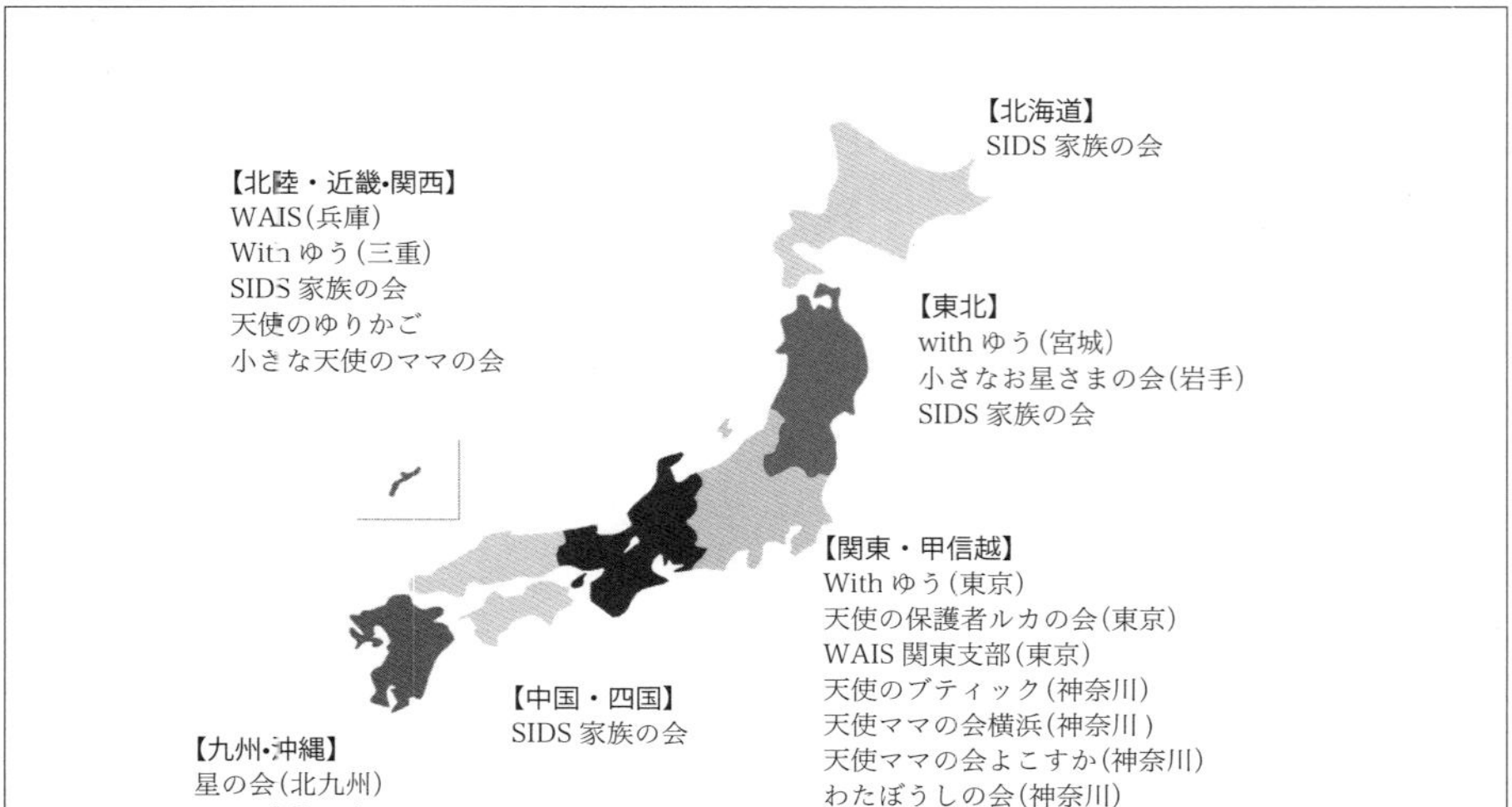

図1 「天使がくれた出会いネットワーク」

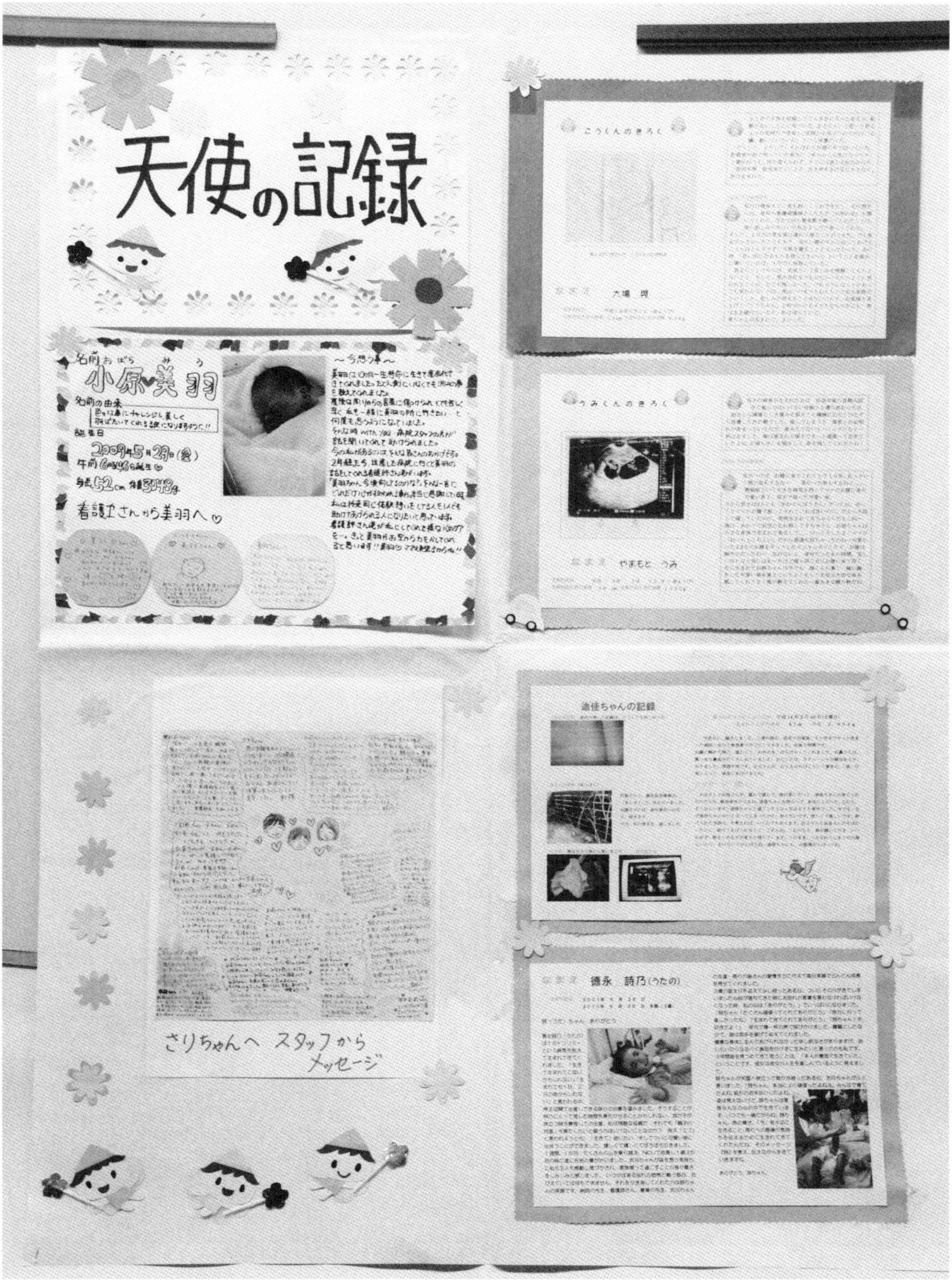

図2 「天使の記録」の展示

図3　兄弟姉妹による絵

図4　小さな産着の展示

思いを綴り、子どもを亡くしたご家族に向けて作成しました。現在、全国の病院や行政機関などで渡してもらっています（ホームページ http://withyou845.org/）。

「天使の記録」は、活動を通して出会った家族の方がたが、亡くなった子どもとの思い出の写真を掲げ、その思いを綴ったものです（**図2**）。

兄弟姉妹が書いた絵などもあります（**図3**）。ご家族の思い一つ一つの中に、子どもたちの命が輝いています。本当にすばらしいです。そして、「わが子が亡くなり絶望の中、救いとなったもの」「お別れまでの間、子どもにどんなことをしてあげたかったか」「病院や医療従事者の対応で嬉しかったこと・哀しかったこと」などアンケートではたくさんの思いをいただきました。

市販品にはない小さいサイズのベビー服などを製作している「天使のブティック」さんの型紙をもとに、宮城大学の学生さんがボランティアで作っている小さな小さな産着もあります（**図4**）。そして、「家族のために心掛けていること」や「家族への対応で困ったこと、悩んだこと」などを記載した医療者アンケートも集めています。

告知された家族の思い

次に、病院や医療者の方がたに向けて、流産や死産を経験した家族の思いを、アンケートをもとに紹介していきます。

私たちは病院の医師より、胎内死亡や予後不良の告知を受けた瞬間から、底知れぬ不安を抱えながら死と向き合っています。

胎内死亡を告げられた母親の心情をご紹介いたします。

妊娠三四週、胎内死亡の原因は不明と告げられた方の例です。

自分を責め、不安と孤独を一人で抱えながら、出産まで何時間も、何日間も亡くなった子をお腹に入れて生活しなくてはいけません。多くの方がたは、その生活は苦痛と哀しみでしかないと話されています。

次に、妊娠二一週で、胎内死亡を告げられた方です。

娘を抱いていたから？ ドライブに行ったから？ すべての行動がいけなかったように思えた。泣くばかりで、出産まで子どもを思ってあげることができなかった。旦那からも、待望の息子を取り上げたのだと（言われ）、自分を責め続けた。

こちらは、生まれても生きることができないと診断された方です。妊娠二七週、心臓病が原因と告げられました。

出産まで地獄のような日々。病気の体にしてしまった自分を責め、お腹の中の子を得体のしれないもののように感じ、疑心暗鬼になり、看護師さんの態度を冷たく感じ、とても孤独だった。

子どもの状況が説明されないと、子どもが「得体の知れないもの」と感じる方もいます。また、双子の一人が無脳児と診断され「出産とともに死ぬんです」と医師から告げられた母親は、生と死を抱えながらの不安と苦しみの妊娠生活を送ったそうです。このように、何ヶ月も苦しまれる方が数多くいます。

苦しみの中にいる人たちの不安を聞いて、心を支えてくれる人がいてくれたら、また「誰のせいでもない」「あなたのせいではない」、その一言があったなら、哀しい日々を送ることはなかったかもしれません。

次に、病院や医療スタッフの対応について考えていきます。病院の医師から、胎内死亡や予後不良の告知を受けた際、その苦しみや哀しみを話せる人、寄り添ってくれる人がいないことが、病院での生活をより孤独にさせます。反対に、医療スタッフが「力になりたい」「哀しい」など自分の気持ちを伝えてくれることが、母親たちの癒しになることが多いようです。スタッフ間で情報が共有されず、つらい思いをされた方も多くいます。
まず、病院からの説明やケアがない場合の、出産までの心の動きを、「Withゆう」のアンケートからご紹介します。

お腹の子の存在が怖い／お腹の子をなかったことにしたい／生きることがつらい／先の見えない妊娠生活／子どもがエイリアンのようになって毎日夢に現れた／どうしていいのかわからない／病気の体にしてしまった自分を責める／亡くなっているのに気がつかなかった自分を責める

次に、病院や医療従事者の対応で、つらいと感じたものを挙げてもらいました。

部屋などの配慮がない／新生児・妊産婦の姿が見えたり、声が聞こえたりする／検診時、無事出産した産婦と一緒／搾乳《さくにゅう》が産婦・新生児と一緒／事務的・腫《は》れ物に触るような対応／処置中、看護師の笑い声が聞こえた／スタッフ間で情報が共有されていない／名前があるのに「苗字＋男児」と記載／子どもを紙袋や空き箱に入れた／人として扱われなかった／思い出の品が残せなかった

検診のとき、私の隣で看護師さんが新生児をあやしていたことがありました。私が子どもを亡くした母親だとわからなかったのだと思いますが、胸が張り裂けそうで、息もできないほどつらかったです。私が入院中見た夢は、真っ暗闇の中に何十本もの手が出てくる恐ろしい夢です。心の叫びだったのだと思います。

病院や医療スタッフに望む対応

他方、病院から説明やケアがある場合では、出産までの心の動きも大きく違ってきます。再び、「Withゆう」のアンケートからご紹介しましょう。まずは、病院から受けたよい対応です。

新生児・妊産婦の姿がなく、声の聞こえない部屋／哀しい出産への対応が行き届いている／話を聞いて寄り添ってくれた／一緒に泣いてくれた／情報が載っている冊子を用意／自助グループやサイト・本などの紹介／退院後のフォロー／子どもと一緒に表玄関から退院

／生きている赤ちゃんのように対応／たくさんの思い出を作れた／赤ちゃんにできることを教えてくれた

病院で、このような対応を受けると、出産までの心の動き、またその後の心のもちようも大きく変わっていきます。アンケートを見てみましょう。

旅行など思い出をたくさん作った／お腹の様子を日記につけた／お腹にいっぱい話しかけた／できるだけ愛情を注いであげた／赤ちゃんのおくるみ・産着《うぶぎ》等を手作りした／手紙を書いた／名前をつけてあげた／哀しみの中にも、できるだけ何かをしてあげようと思った。

とくに、火葬までに子どもに何ができるかを知りたいという方が数多くいらっしゃいました。

次に、病院での対応として望むことを、アンケートから紹介します。

話を聞く／寄り添ってほしい／泣くことができる環境／病院関係者の情報共有／同じスタッフが関わる／出産までの配慮／退院後のサポート／妊婦や新生児と接する機会を減らす配慮／体のことや心の動きなど教えてほしい／カウンセラーの紹介、当事者の会や本などの情報提供／専門用語ではなく、わかりやすい言葉での説明／正しい状況説明／面会や思い出の品（写真、臍の緒、手足型など）を残すことを提案／生きている子と同じような対応／火葬までに赤ちゃんにどんなことができるかの提案

今はネットやブログなどで、どんなことを子どもにしてあげたか、どんなものを残したかなどの情報が入ってきやすく、自分にはできなかったことを悔やまれる方も多くいます。

赤ちゃんとの思い出は、当時の哀しみやつらい気持ちを思い出してしまい、すぐには振り返ることができないかもしれません。でも、いつか時間が経ったとき、その思い出がきっとご家族の心の支えとなるでしょう。

図5は、アルバムの写真です。入院中に家族で過ごし、お子さんの写真を撮られた方がたは、哀しみの中にも優しい時間が流れているのが感じられます。そしてこの方たちは、退院してからも子どもの存在に向き合いながらアルバムを作り、一枚一枚に言葉を入れ、子どもとの物語を綴っ

ていき、それが心の支えの一つともなっています。

　また、絶望の中、救いになったものとして、思い出の品や病院での対応を挙げる方がたが多くいました。どんなことができるのかは、自分たちでは思いつきません。後悔しないためにも、医療スタッフから、何ができるのかを提案してもらい、本人や家族でどのような選択をするのかを考えてもらうことはとても大切です。

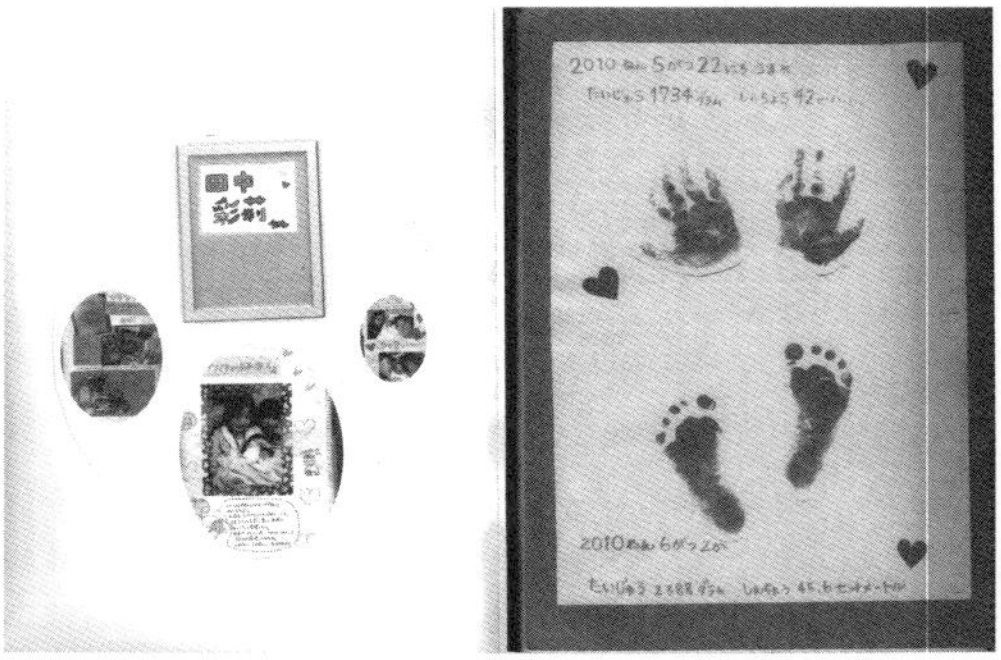

図5　ご家族が作られたアルバム

「Withゆう」のアンケートから、亡くなった赤ちゃんに対して実際に行ったことを箇条書きにしてみました。

　写真を撮る／手型・足型をとる／沐浴《もくよく》抱っこ・おむつのとりかえ／カンガルー抱っこ／産着を着せる／母乳を絞る・含ませる／名前をつけて話しかける／化粧をする／家族と過ごす／赤ちゃんと一緒にドライブして家族の時間を作る

　ご参考になればと思います。

　退院してからも、いろいろな現実と向き合わなくてはいけません。その中で、子どもを亡くした家族はどのような思いをもちながら過ごしているのか、どのように心が変化していくのか心の動きを知りたいという方も多くいました。

　自宅では、妊娠中の楽しかったときを思い出し、ぺちゃんこのお腹を見て涙し、外から聞こえる小さい子どもたちの声に耳をふさぐ。息をしているだけでつらく苦しい日々を過ごす方もおられます。そして、友だち、親戚、周囲との関わりがうまくできなくなったり、家に閉じこもってしまったり、知っている人と会わないように隣町まで買い物に行く方もいます。赤ちゃんを見た瞬間、目をそらし逃げ出してしまう、そんな感情に苦しむ方もおられます。

　周囲からの「生まれる前でよかった」「まだ若いから」「次の子を産めば忘れられる」「いつまでも哀しんでいないで」などの言葉は、励まそうとかけてくれた言葉だとわかっていても、子どもの存在を否定されているようで、息ができないほどつらく感じることがあります。

そして、多くの方がたは、この深い哀しみの日々から抜け出すことができるのか？　穏やかに過ごす日々は訪れるのか？　という不安を口にされます。このような感情は、子どもを亡くした家族の多くがもつ感情だとあらかじめ知っていたら、気持ちはもっと楽だったろうと思います。知らないということは、未来が見えないということです。不安であるし、また恐怖でもあるのです。どのような心の動きがあるのかを知っておくことは、つらい時期から癒しに至るまでを客観的にイメージし、それによって不安を取り除くことができるため、心の支えともなります。

その過程で、退院後に病院の医療スタッフのサポートを求める人が多くいました。時間が経てば経つほど、病院の医療スタッフとの接点がなくなり、知りたい気持ちが芽生えても聞けず、不安な思いや、話を聞いてもらえる場所もなく、つらく感じることが多々あります。病院でなくても、公共機関など、つらく感じたときに連絡が取りやすい環境を作ってほしい、という意見もありました。

自分でいろいろな情報を探すのは、たいへんな時間とエネルギーが必要になります。経験者の会やカウンセラーなどの情報を求めている方もたくさんいます。早い時期に情報が必要な方もいれば、何ヶ月か経ってから必要になる方もいます。必要な情報を必要なときに、自分に合った形で選べるように、早い時期に病院からサポートとなる情報を与えていただけたらと思います。

夫や兄弟姉妹へのケア

流産や死産を経験すると、どうしても、母親だけにスポットが当たりますが、夫や兄弟姉妹へのケアも大事だと感じています。

「With ゆう」のアンケートでは、「夫は子どもが亡くなったのに悲しくないのか？」「夫の気持ちが見えない」などの意見が多くありました。私の場合は、夫の心が見えず離婚を考えたこともありました。退院して家に戻ると、何事もなかったような時間が流れました。夫は、息子の話をすることもなく、毎日何事もなかったように会社に行き、普通に過ごしていました。そのような夫に、私はこんなにつらくて哀しいのに、この人はなんて冷たい人なのだろうと不信感をもつようになっていったのです。

夫の哀しみを知ったのは、妹の生まれたばかりの赤ちゃんを抱っこし、あやしながらボロボロと泣いていたときでした。亡くなった息子と重ねていたのだと思います。このとき、ハッとしました。夫も哀しかったのだと。自分の感情がいっぱいで、夫の哀しみに気づくのに時間がかかってしまいました。

とてもつらいけれど奥さんと同じレベルで哀しむことができない、という男性が何人かおられました。母親は、お腹の中で子どもの存在を感じていますが、父親は体で感じることがないからかもしれません。夫は、「哀しいけれど、妻を支え家族を支えなくてはいけない。仕事もしなければいけない。がんばらなくてはいけない」という気持ちが強く、哀しみを表に出せない方が多いようです。また、子どもに何もしてあげられなかった、と思われる方もいました。妻が元気になっても、気持ちをコントロールできず、仕事を休職したという方も何名かおられました。がんばりすぎないで、哀しめる環境をもつ大切さを伝えてあげることも必要です。

次に、兄弟姉妹について触れさせていただきます。子どもとの関わりについて悩まれている方がたくさんいました。「笑いながら涙をポロポロ流す」「泣き叫ぶ」「言うことを聞かない」、そんな子どもに手を上げてしまう。そういった方も少なくありません。胎内死亡を告げられた母親の心情でもお話ししました、双子の一人を死産し、もう一人を未熟児で出産した母親は、「二人でお腹をキックしたりシャックリしたり、お腹は賑やかで幸せだった——。心乱れる中、出産、息子とのお別れ、そして未熟児で生まれたお姉ちゃんの育児。病院では未熟児出産においては完璧でしたが、母親の心は、ボロボロでした。医療の力で命を救ってもらえても、心が救われないと、健全な子育てはできない。もっと亡くなった子どもを感じてあげることができたら、と振り返ることがある」と話されています。

ほんとうにその通りだと思います。

当時八歳だった私の娘は、弟が亡くなって五ヶ月後、学校に一人で行くことができなくなりました。私も、どうしていいのかわからず、時々怒鳴りつけたり、きつい言葉を投げかけたりしました。学校では友達と殴り合いの喧嘩をし、泣き叫んだりします。どうして私ばかりこんな思いをしなくてはいけないのか、自分はとっても不幸な人間に思えてなりませんでした。どうしたらいいのか誰も教えてはくれません。

数ヶ月、何度も思い悩み、まず息子がこの世に存在していたことを、私たちの家族だ、ということを認めることから始めました。

初めはあまり話そうとしなかった娘も、次第に「右京はね、お父さんそっくりだったんだよね。自慢の弟だ！」と話すようになりました。この頃から、娘の心の中で何かが変わっていったのだと思います。その後、娘は笑顔で学校に行けるようになりました。ずいぶんと時間が経ってから、火葬のとき、娘と夫は大声で泣いていたと聞きました。私はそのとき、病院のベッドの上で、一緒にお別れできませんでした。大切な弟が煙になっていく。骨になってしまった。とってもとってもつらかったでしょう。でもその後も、笑顔で私の病室に会いにきてくれました。時々私が寝ているベッドの上にあがって、一緒に布団に入って目をつぶっていました。娘は一生懸命笑顔を作って、「お母さん、生きてて良かった。お母さんも死んじゃうと思っていた……」と言ったときがありました。娘は大切な人が死んでしまうつらさや哀しさを初めて知って、一人でそのつらさや哀しみを抱えていたのでしょう。私は、娘のつらく哀しい気持ちが見えなくなっていたのです。

娘が中学生になったとき、「あの頃、お父さんもお母さんも弟の話をしないから、弟の話をしたら哀しむと思って話せなかった。でもお母さんが弟の話をしてくれたとき、嬉しかった」と言っていました。子どもはどんなに小さくてもほんとうのことを知りたいと思っているし、理解しようとするのだと思います。お父さんもお母さんも弟がいなかったかのように振る舞い、感情を表に出さないから、自分も出せなかったのです。家族それぞれが抱えてしまっていたのです。きちんと死と向き合うことはたいへんなことですが、とても大切なことです。そして、哀しみにふたをせず、きちんと表に出していくことの大切さを痛感しました。

兄弟姉妹がいるご家族では、兄弟姉妹についても気を配ってあげることが大切です。

ほかにも、父親や母親、兄弟姉妹はどんな思いをもっているのか、知りたいという方も多くいます。それぞれの思いを知ることで、心のすれ違いは減っていくのかもしれません。心のすれ違いは、新たな哀しみを生んでいきます。ケアは、家族を含めて行われ、家族で死と向き合っていくことが大切なのだと思います。

お子様を亡くされたご家族もいらっしゃると思います。みなさんは、周囲の人々の心配、早く元気になってほしいという思いに応えようと、自分の気持ちに無理をしていませんか？　忘れたくないのに無理に忘れようとして、気持ちを抑えようとしていませんか？　無理に哀しみにふたをしていませんか？

赤ちゃんはお腹に宿ったときからあなたの「家族」です。

そして、そのときから「お父さん・お母さん」になったのです。

亡くなってしまったからといって、忘れることなんてありませんよ。

大切に大切に育んできた命だから愛しいし、涙が出てくるのですよね。

我慢しないで、たくさん思って、たくさん泣いてもいいのですよ。

ご自身の思いを大切に、気持ちに無理をしないよう過ごしてくださいね。

ゆっくりと時間をかけて体と心を休ませながら、亡くなった子どもと一緒に歩んでいきましょうね。

大切な子どもたちのいのちを輝かせながら……。

あなたはけっして一人ではないのです。

[特別寄稿]…とこしえの母の愛と双胎《ふたご》の姉妹愛

染谷優美

双胎《ふたご》の姉妹の長女るりかを春に亡くし、何度同じ季節が巡ったことでしょう。

愛するるりかの〝生〟が、今日が最後と知ることができたら、思いっきり抱きしめ最愛の心を伝えたのに、余りにも突然すぎました。死と生を同時に与えられた狭間の苦しみにもがく私。

それ以前に、大切な人、お金で買えない宝、健康、人生、いくつもの喪失を経験しても、共通して〝哀しみの時と快復の時〟がありました。

しかし、新しい命の育みと誕生の命が一緒の場面で、子の喪失は〝人生最大の深い哀しみ〟となり、何年経っても胸に納まる〝心の箱〟を見つけることはできません。〝扉のある部屋〟に一時的に静まりながらも、いつでも扉を開けて現れ、そのたびにたくさんの後悔と愛し涙が溢れる、この繰り返しが子を喪った親の一生になると時を経て思います。ゆえに子を想う愛は、時を経ても不変である〝とこしえの愛〟なのです。

双胎を授かったと知った日から、二つの命は世界に一つずつしかないそれぞれの命と私自身に語りかけ続け、この二つの命に何でも平等に愛を注ぐ母性は溢れてやみません。同じ命と想ったことは一度もない、天秤にかけることも絶対できないのに、「一人いればいいじゃない」とすべての人たちから語るたびに言われた衝撃は、深海の渦の底に巻き込まれ、そこからの出口のない壮絶な悲嘆が、激動の嵐となり骨芯の心髄まで浸透しました。たしかに授かった命であり、想像の命とは違うのに、同じ時に誕生したるりかの命を無かった命で済むと言われ、次女も単体とされる風潮に涙が止まりませんでした。私が双胎と語らなければ、姉妹のいる真実の子育てができなくなる双胎母の魂を奪われた胸宇でした。天のるりかにも届く無垢の愛を平等に与えたい。常に私の頭の中に描かれていた子育ての世界。非難と悲嘆の中、〝短命を与えられた意味、るりかのメッセージを涙で綴き〟、次女の子育てとるりかの証を刻む双方が、私の使命と誓った日があります。

努力しても同じ体験者と出会えない、苦しみの渦の中の日々に、るりかを語りたい、忘れられたくないという双胎母の意志を貫き、次女を最初から双胎の妹として育てました。次女にしたことは仏壇に寄り添い「るりかもだよ」と、るりかに語り行い、次女には「双胎のるりちゃんにもね」と語る乳児期。次女の「なあに。どうして」の発語期の問いかけに、天の世界を理解できなくても、必ず自然に答え、接するようにしました。その道は味方のいない棘の道でした。しかし、最初から見えない世界に旅立ったるりかを家族の一員として表明する子育ては、幼い次女の心にるりかにも分け合う想いやりの心が生まれ、双胎の繋がりや相互愛に感じるるほど自然な光景でした。私のるりかへの愛が初めて否定されずに共有され、安穏な心を二歳の次女から贈られた思いでした。

しかし、当初から私のるりかへの想いを、次女に強いてはならないもう一つの思いの確固たる精神を志操として次女を見つめ、私の命に代えても次女の命は守ると思い伝えたるりかとの誓いを支えに、るりかが遺してくれた次女に大切に向き合い、育てました。それが、るりかの幸せも育む最愛になると信じて。

でも、時折心の扉が開けられ、何年経っても波が崩れます。命日には涙が滲み隠せない私に、「ママはどうしてお姉ちゃんの誕生日に泣いてるの。私のときはいつも笑ってるのに」と、突然次女から衝撃の言葉がかけられました。哀しみに充ちた命日なのと胸の内を正直に伝えると、再び、「命日でも生まれた日なら誕生日だから一緒にお祝いしたい。ママは私のように、るりちゃんの誕生日やってない」と、四歳になる次女のるりかへの愛が表現されたのです。この日から、毎年誕生日として過ごすようになり、家族の人生を大きく変える日となりました。るりかへ、この愛が届いたかのように、双胎の繋がりや側に感じる出来事も何度もあり、今年、るりかは天の世界で高校卒業の春を迎えるに至る年月を送りました。

振り返ると、親の会と出会うまでの長かった四年の歳月。喪失に対する理解者がいない苦しみは、次女のるりかを愛する姉妹愛によって、天の命も家族と想う生き方の肯定と安堵を与えられたと次女に感謝します。発語のないヨチヨチ歩きと表情・仕種で、ニコッと笑い、るりかに何かしてあげたいと示す次女の愛は、大人のどんな言葉にも優る魔法のグリーフケアでした。

体験者との出会いののち、次女の命の育みによってるりかの喪失が和らぎ、忘れる日はけっして来ない哀しみを、一生背負い生きている親の想いを共感し合うことで癒され、るりかを無かった命にさせまいと一人頑張った想いも報われました。

るりか。ママの声聞こえる？　親にとって子は、亡くすのが悲しすぎるほど一番大切な宝。喪ったのち、ママの生ある限りどう生きるか涙に明け暮れる日々から、哀しみの向こう側に見つけた最愛を手作りで綴り贈って、るりかへの愛に正直な姿で生きてきたよ。母として、すべきことをする生き方を見失わずに。それは、二人を平等に愛し続けること。再会のとき、「るりかが喜び望むママだよ」と言ってもらえるように妹とともに歩んできたよ。妹を育て、見つめるときは笑顔で向き合う努力もしたよ。命が永遠の眠りについても、死が無ではないと伝えたい。遺されて生きていく人の心に美しく永遠の存在として輝くのが命とママは想う。るりかと会える日まで、多くの人の心で輝く命となるよう語り継いでいくよ、〝双胎の長女、大切な命なんです〟と。双胎に生まれてきてくれて、死と生を同時に与えられたことで気づけたよ、この生き方を。たくさんの優しさをも持つるりかとお母さんの宝である妹を与えてくれてありがとう。誇りの娘。永遠の愛をママより伝えたいと思います。

付記　染谷優美さんは、グリーフケア連続シンポジウムⅢ「出産の場におけるグリーフケアの可能性」（於・天理大学）が終った後、彼女の「物語」を語ってくれました。その強い思いに心を動かされ、寄稿を依頼しました。　（編者）

産科医療の現場より

遠藤誠之

産科医療の現場での死の種類

現在私は、大阪大学医学部附属病院の産婦人科にて、二〇一五年に立ち上げた胎児診断治療センターで働いています。センターに来られる妊婦さんの中には、通院の過程で妊娠を継続する、継続しないという、非常に難しい選択をせざるを得ない状況に直面する方がたが多くいらっしゃいます。今回のお話ではそのことを中心に、産科医療の現場から、グリーフケアについて考えたいと思います。

まず、産科医療の現場での死にはいろいろな種類があるということをお話しし、次に、出生前診断後に選択された人工妊娠中絶についてお話しします。そこでのグリーフケアの試み、そして最後に今後の展開という流れで話を進めていきます。

はじめに産科医療の現場には、どのような死の種類があるかという点についてです。お亡くなりになられる可能性があるのは妊産婦さん、それから胎児、生まれてきてすぐ亡くなるということで新生児。妊産婦さんがどのような原因で亡くなるかと言えば、一つ目は妊娠とは関係なく何らかの合併症をもっていた場合です。大腸がんや肺がんなどの悪性腫瘍、脳出血などです。二つ目には産科合併症といって、妊娠に直接関連した合併症の場合です。普段はまったく健康な女性が、妊娠に伴う合併症、たとえばお産のときに大量出血したり、羊水塞栓《ようすいそくせん》といって、いきなりアレルギー反応のようなものが起こって心肺機能が突然止まってしまったり、血がまったく凝固しなくなって出血が止まらなくなる方もいらっしゃいます。亡くなる時期としては、出産前、分娩中、出産後があります。

妊産婦さんが亡くなった場合のグリーフケアの対象は、もちろん夫・パートナーと家族になりますが、医療者自身もこういう場面に遭遇すると、グリーフケアの対象になり得ます。

出生前診断後に選択された人工妊娠中絶

はじめに断っておきたいのは、日本ではお腹の中の赤ちゃんの具合を理由にした人工妊娠中絶は認められていないことです。中絶は、母体保護法に則って行われますが、主に「妊娠の継続又は分娩が身体的又は経済的理由により母体の健康を著しく害するおそれのあるもの」（第三章母性保護　第一四条一）と定められています。

その前提で、次に胎児の死亡についてお話しします。胎児の死亡は、医療介入の結果で亡くなる人工妊娠中絶の症例と、医療介入なしで自然に亡くなる子宮内胎児死亡という、大きく二つに分かれます。そして人工妊娠中絶を選択する背景には、①赤ちゃん自身に何らかの問題がある場合、②お母さんに大きな合併症があって妊娠が続けられない場合、③意図せぬ妊娠の場合と、大きく三つに分けることができます。

自然に亡くなる子宮内胎児死亡の場合には、たとえば胎児は、妊娠二二週以降でやっと生存可能になりますが、妊娠二二週以前に亡くなるのか、それ以降に亡くなるのか、出産直前に亡くなるのか、また予め胎児死亡が生じるということを予期していたかどうかによっても、残された家族の死の受け止め方が大きく変わってきます。また新生児死亡の場合にも、死亡が予期されていたかどうかで、その受け止め方は変わってくるでしょう。さらに、出生してから短期間で新生児の死を予期されてはいても、積極的に治療する方針なのか、緩和ケアで新生児が亡くなっていくのを見守る方針なのかによって、死の受け止め方は変わってくると思います。

胎児または新生児が死亡した場合のグリーフケアの対象は先ほどと同じで、夫・パートナーとそれ以外の家族、医療者、それに加えて妊産婦さん自身となります。

出生前診断後に選択された人工妊娠中絶も数多くありま

す。出生前診断とは、赤ちゃんがまだお腹の中にいる間に、超音波《ちょうおんぱ》診断装置などの画像診断や、染色体検査などの遺伝的検査などを使って、産まれてくる前から赤ちゃんに大きな問題がないかどうかを調べることです。

最近では、出生前診断がかなり進歩して、お母さんのお腹の中で赤ちゃんの抱えている問題がいろいろわかるようになってきました。そして、その出生前診断でわかったことにもとづいて、お母さんのお腹の中の赤ちゃんを、お腹の中にいる間に治そうとする治療、つまり胎児治療も可能になってきています。現在、胎児治療はいろいろな問題に応用することができます（図1）。

たとえば出産直前に、赤ちゃんの胸にすごく大きな腫瘍があるということがわかっている場合、帝王切開《ていおうせっかい》と同じように出産しながら、胎盤からの血流を残した状態で赤ちゃんの腫瘍を取り除きます。つまりこれは、小児外科の先生が、お腹の中にまだ赤ちゃんがいる状態で、赤ちゃんの腫瘍を取り除くという治療方法になります。そういう治療も出生前診断の進歩によって、現在、可能になってきています。

出生前診断によって救える命が数多くある一方で、出生後にも治療する方法のない疾患も出生前診断で多く見つかります。このような場合に、特に妊娠週数が比較的早い場合には、ご両親はこの妊娠を継続するのかどうかという、厳しい選択に直面します。これは大阪大学医学部附属病院での人工妊娠中絶の年度別の推移ですが（図2）、全体的に二〇〇七年から徐々に上がってきています。これは出生前診断が進んできたことの一つの裏返しの結果ではないかと考えています。

二〇〇七年から二〇一七年の一〇年間に、当院で人工妊娠中絶症例の背景を調べました。すると、当院で人工妊娠中絶を行った妊婦さんの特徴としましては、三〇代の方が一番多いです（図3）。これは結婚していて、望んで妊娠したけれどもお腹の中の赤ちゃんに致死的な問題があって、最終的に人工妊娠中絶を選択したという方が多いということを示しています。また、症例の内訳としては、八二パーセントがお腹の中の赤ちゃんに何らかの問題があった症例だったということがわかっています。その赤ちゃんの持っていた問題というのは、染色体の問題や身体の構造の問題でした。

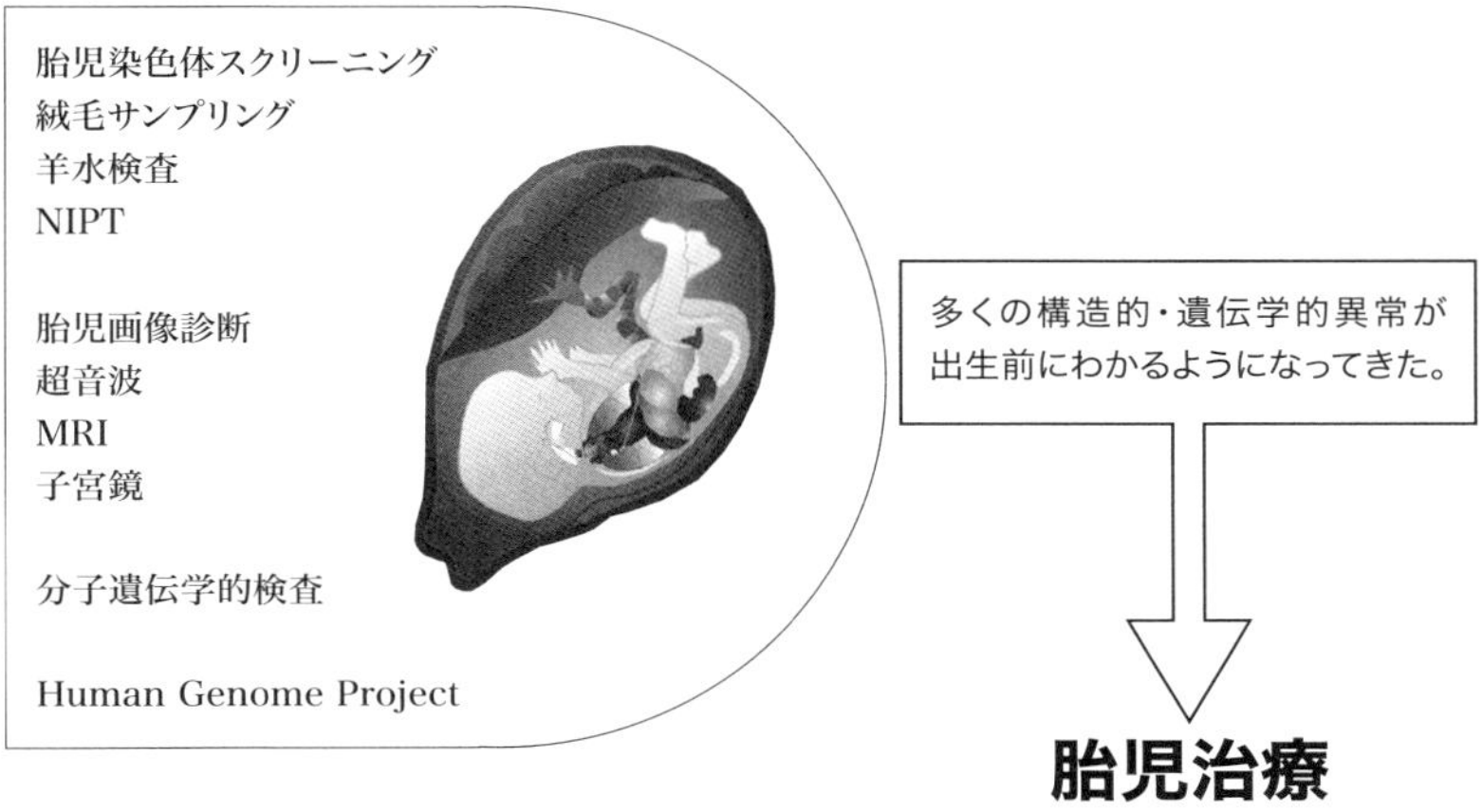

図1　出生前診断の進歩と胎児治療（フィラデルフィア小児病院Dr. Flakeより提供）

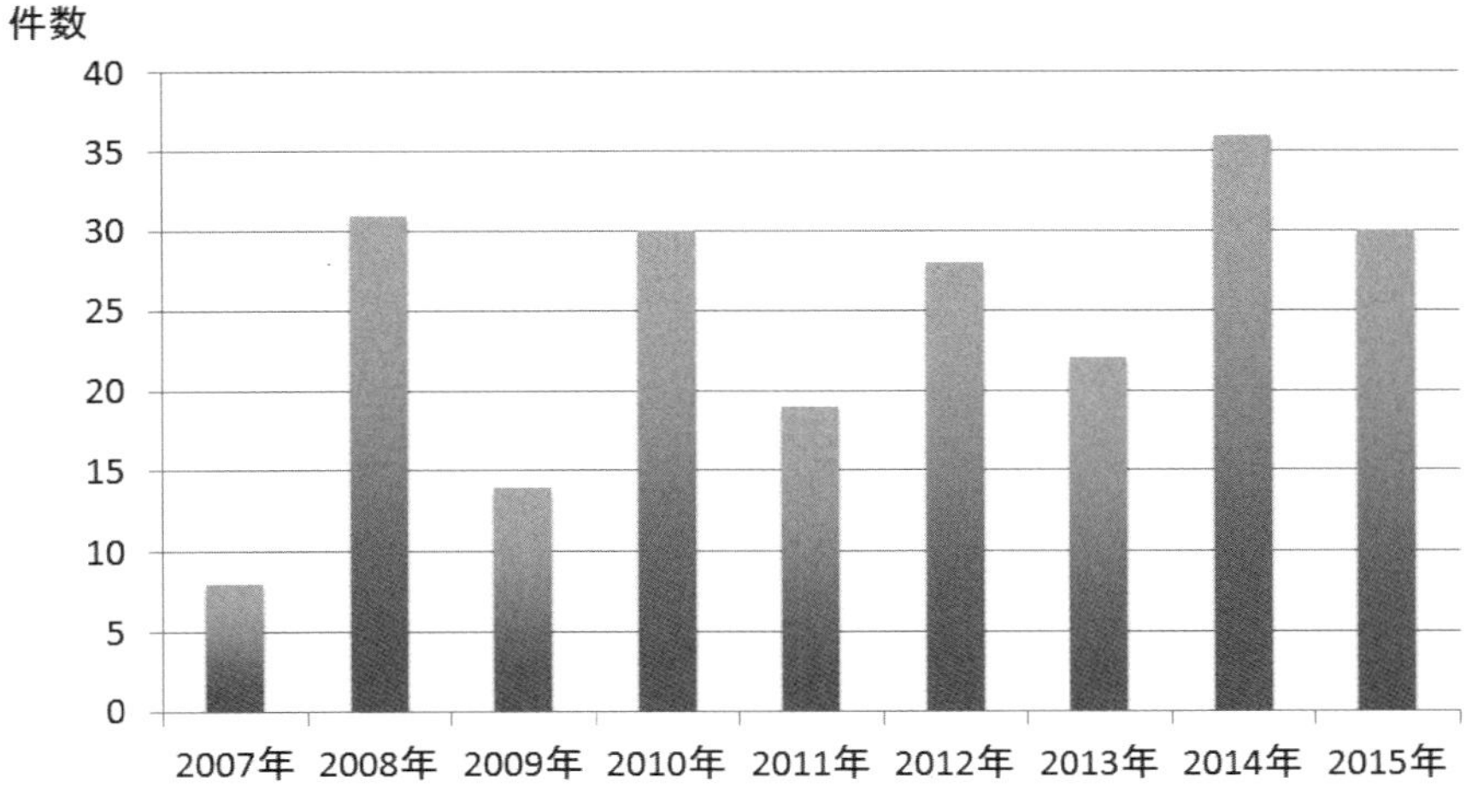

図2　人工妊娠中絶数の年度別推移（大阪大学医学部附属病院）

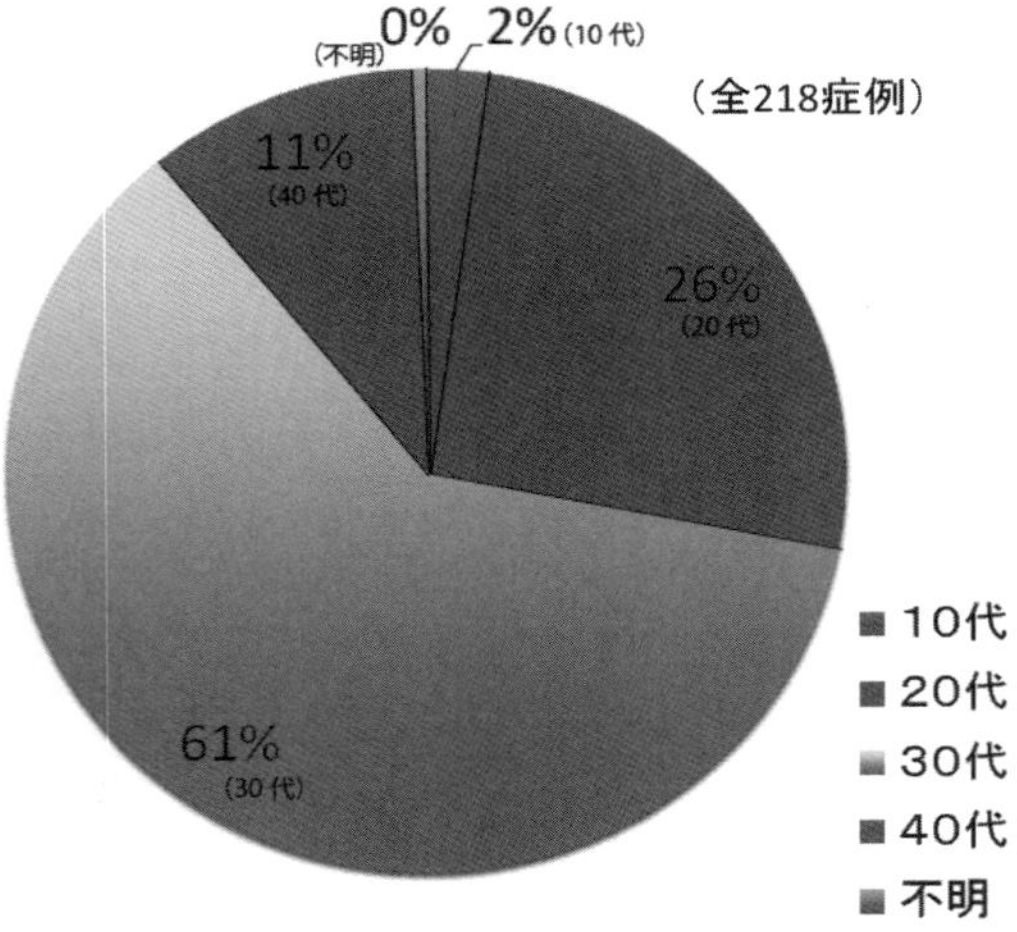

図3　人工妊娠中絶症例の年齢層　2007～2015年（大阪大学医学部附属病院）

大阪大学医学部附属病院での グリーフケアの試み

このように人工妊娠中絶を選択される妊婦さんが多くいらっしゃる中で、当院でのグリーフケアは、とくにそのような妊婦さんに重点を置いてケアを進めていこうとしています。先ほどもお話ししましたように、当院では産婦人科、小児科、小児外科など関連各科が協力して二〇一五年一〇月に胎児診断治療センターを立ち上げました。その際、当センターで三つの目標を立てました。まずは出生前診断がきちんとできるということ。次に、可能であれば、胎児期にその治療をする胎児治療ができること。そして三つめに、出生後に有効な治療方法のない症例に対しても最大限のサポートをするということ。これら三つを、当センターの重要な目標として掲げています。

出生後に有効な治療方法のない症例に対して、どういうサポートができるでしょうか？　この場合、病気に関係する関連各科の医師から、赤ちゃんが生まれたのちの状況について説明してもらう出生前カウンセリングを行います。そこで、赤ちゃんが積極的治療を受けた場合、あるいは「緩和ケア」（侵襲的な医療は控えて、家族の時間を大切に

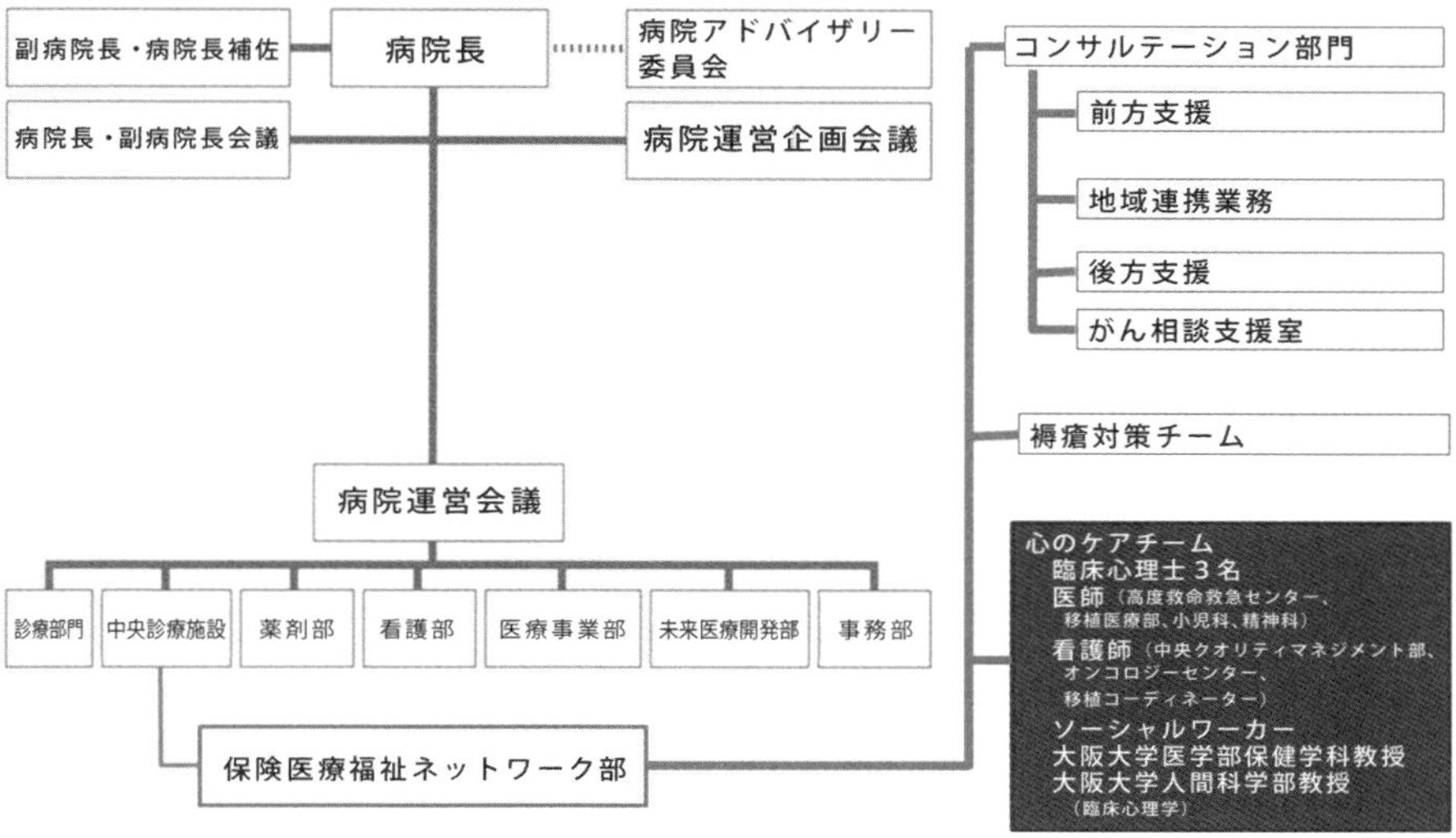

図4　大阪大学医学部附属病院　心のケアチーム

して、赤ちゃんの生きる力に寄り添うケア）を受けた場合の予後についてご両親とご家族に詳しく説明を受けてもらいます。そして、もしご両親が妊娠継続を選択して、積極的治療を希望する場合、もしくは「緩和ケア」を希望する場合に、どのように赤ちゃんをサポートするかを具体的に決めていきます。また、ご両親が人工妊娠中絶を選択されるときに、両親の心のサポートを、特にグリーフケアを、心のケアチームとともに行います。

先ほど産科医療の現場での死には、いろいろな種類があることをお示ししましたが、われわれのセンターで最も多い死は、胎児に何らかの問題が見つかったのちに、ご両親が人工妊娠中絶を選択した末での胎児の死です。そしてわれわれは、そのようなご家族を数多くサポートさせていただいています。

われわれのグリーフケアは、まず、医師によるグリーフケア、そして心のケアチームによるグリーフケアの二つに分けられます。心のケアチームというのは**図4**に挙げられるように大学病院の中にある、保健医療福祉ネットワーク部に所属する一つのブランチで、心のケアチームに臨床心理士が三名、医師、ソーシャルワーカーなどが加わっています。

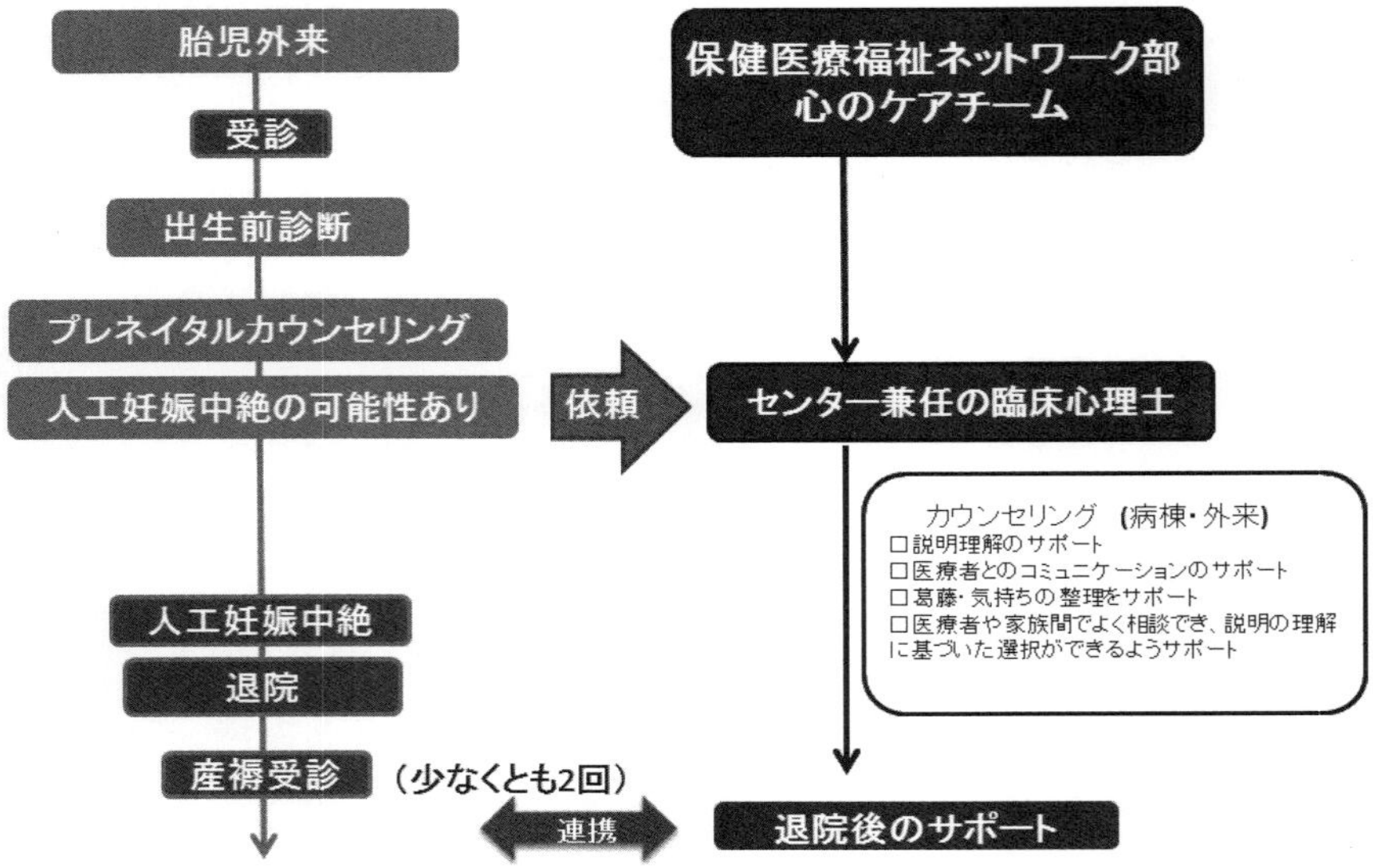

図5　胎児診断治療センター　臨床心理士への依頼とサポートの流れ（人工妊娠中絶時）

心のケアチームがどのように妊婦さんと関わっていくかについて説明します。妊婦さんが胎児外来という出生前診断の外来に来られて、赤ちゃんに致死的な疾患が見つかったとき、お父さんお母さんが妊娠を継続するか、しないかという選択を考える可能性があると医師が判断した時点で、心のケアチームにカウンセリングを依頼します。そして、人工妊娠中絶を実際に選択するか、しないかで悩んでいるときからご両親に関わってもらいます。さらに、実際にご両親が人工妊娠中絶を選択した場合、その分娩中から出産後まで継続して関わってもらっています（図5）。なお、ここには示しておりませんが、入院中には助産師チームからのケアや、遺伝子診断が関わってくる妊婦さんには、遺伝子カウンセラーのケアもなされています。

今後の展開

医師によるグリーフケアには、どんなことがあるか、思いつくままにいろいろ挙げてみます。

妊娠中に心がけていること

ゆっくりと考える時間をもつ／妊婦、夫、家族の意見を傾聴する／時間をとって診察する／正確な情報を提

供する／どの選択をしても最大限サポートすることを明確に伝える／必要のない罪悪感の根拠を完全に否定する

分娩のときに心がけていること

無痛分娩のすすめ／出産後に児を直接見て、胸に抱くことのすすめ／胎児の精査のすすめ／個室利用のすすめ

産褥期に心がけていること

産褥一週間健診／産褥一ヶ月健診／できるだけ心のケアチームへ面会することを勧める／出来事を受容できるようにサポートする

このように妊娠中、分娩時、産褥期、それぞれの時期にいろいろなことを心がけています。ここからは私見になるのですが、医師によるグリーフケアの要諦というのはどういうことかを自分なりに考えてみました。

ご両親は数々の難しい過程に直面します。出生前診断によりお腹の赤ちゃんにいろいろな問題があることがわかって、それをご両親が受け入れる過程。人工妊娠中絶をするか、しないかを決断する過程。実際に人工妊娠中絶を行う過程。人工妊娠中絶をしたのち、実際に赤ちゃんと面会する過程。人工妊娠中絶をした事実を受けとめる過程。さらに、次の赤ちゃん、次の妊娠を考える過程、というように、いろいろな過程にご両親は直面していきます。その際、医療者側から見ていて、考えないでもいいようなことで悩んだり、罪悪感を感じたりしているケースがよく見受けられます。

あえて「呪縛《じゅばく》」という言葉を使ってみますが、「呪縛」によってうまくその過程をのりこえることができなくなってしまう。そういう「呪縛」を、主に医学的知識にもとづいて断ち切ることで、ご両親あるいはご家族が、自分なりの悲しみの受容のプロセスを適切に進められるようにすることが、医師によるグリーフケアの要諦ではないかと考えています。

たとえば、ご両親・ご家族からいろいろな質問を受けます。胎児に問題が生じたのは自分たちのせいじゃないか？　インターネットで関連する情報を探し続けてよく眠れない。胎児に対する後ろめたさ。人工妊娠中絶を選択したら胎児が自分たちを恨むのではないか？　医療者は実は人工妊娠中絶をよく思っていないのではないか？　次の妊娠は可能か？　次の妊娠でも同じことが起こるのではないか？　数え切れないほどの質問があります。そういう質問に対して

一つ一つ、医学的知識という背景のもとに答えていく。つまり「呪縛」を断ち切っていく。考える必要もないことに対しては、「それは考えないでいいですよ」と伝えます。「赤ちゃんがこうなったのは、自分たちのせいではないか？」とおっしゃいます。明らかに遺伝性の疾患というものでない場合は、「このことはあなたがしたこと・しなかったこと、考えたこと・考えなかったこと、食べたもの・食べなかったものなどとはまったく関係はありません。なるときにはなるし、ならないときにはならない。誰のせいでもありません」、ということをしっかり言葉にして伝える。それによって、ご両親が悩む必要のない問題で、堂々巡りすることを断ち切る。

インターネットで情報を探し続けて、よく眠れないということであれば、「本当に適切な情報を自分で探し出すのは非常に難しいことですよ」と伝えて、医師のための教科書から関連する項目のページのコピーを実際にお渡しする、良い教科書がなければ、それらの情報をまとめた資料を作成してお渡しししたりしています。

医療者も中絶をよく思っていないのではないかという不安を感じさせないために、「どちらの選択をしたとしてもわれわれは最大限のサポートをします」ということを言葉にして伝えます。

ある人は胎児が自分たちを恨むのではないか、ということもおっしゃいます。われわれの施設では、人工妊娠中絶で赤ちゃんが出産したときには、できる限り実際に赤ちゃんを見てもらって、御両親に抱っこをしてもらい赤ちゃんの表情を見てもらっています。「赤ちゃんの表情を見ると、怒りとか悲しみとかいう感情なんか全然出てないのがわかるでしょう。非常に穏やかな表情をしています。お母さん、お父さんを恨んでなんか全然ないですよ」ということを伝える。これは医療、医学と言えないかもしれないですが、医療者と患者の信頼関係にもとづいて、患者さんに説明して安心してもらうために実際に言葉にして伝えます。

次の妊娠で同じことが起こるのではないか？ と質問されます。われわれは常に、出生児を調べて、どのような問題があったかをはっきりさせることを強くお勧めしています。それによって、今回の赤ちゃんの問題を診断する。その結果、次回の妊娠での再発率を明らかにすることができ、不必要な心配を取り除くことができる。しかし、生まれてきた赤ちゃんを解剖することは、ご家族に非常に嫌がられます。医者の中にも、実際に悲しんでいる家族に解剖を勧めることに気が引ける者がいるのも事実です。しかし、診断を確定する機会を逸すると、今後のご家族に不必要な心配のもとを残す可能性があることを考えて、積極的に調べて原因究明をすることをお勧めしています。

一方で、心のケアチームによるグリーフケアも、当センターが立ち上がってから現在まで、つまり二〇一五年九月から二〇一六年九月までの一年間で、介入したケースは約二九ケースあります。面談を受けた方の平均年齢は、三二・一歳で、平均面談回数は二・五回です。臨床心理士に、心について、また身体について、あるいは社会との関わりについて、さまざまな面からカウンセリングをしてもらっています。

心のケアチームの臨床心理士・吉津紀久子さんによると、カウンセリングでの対話の中で心についての話題には、「描いていたものを失った喪失感」「現実のことと思いたくない気持ち」などが挙げられます。その際には、表出された感情と静かに向き合える対話を目指します。自然にわき起こる気持ちであること、今の気持ちや感情が〝次にできること〟につながっていくこと、などです。また、身体についてのカウンセリングでは、「身体は気持ちと裏腹に回復していく」「痛みが罰のように感じられる」といった内容が挙げられます。その際は、「回復によってできること、回復する意味」についての対話を目指し、「赤ちゃんのためにしたいこと」として、まずはすぐに実現できそうなところ、動けるところから始めるための回復や、「上のお子さんのためにしたいこと」として、家の中でできることから始めるための回復などを話題に挙げます。

社会についてのカウンセリングでは、「仕事に復帰するときにまわりにどのように説明するか」「ほかのお母さんに聞かれても今は答えられそうもない」といった相談になります。その際は、それぞれの生活の中でこそ、それぞれのグリーフワークができるということに気づく対話を目指します。つまり、これから起こりそうな場面について、対応できそうな具体的な動き方やそこでの話し方をいっしょに考えるのです。

このように、担当している臨床心理士は、「それぞれの家族で、それぞれのグリーフワークというのがある。ゆっくりと話すことによって、ご本人さんに気づいていただく。そうしたことが、悲しみを受容していくのに非常に重要である」という姿勢で臨んでいます。

今後のわれわれの展開としては、まずは一つ一つの症例を物語として蓄積することを考えています。患者さんの体験はおひとりおひとりまったく違います。ですが、その体験の一つ一つを患者さんの立場のみならず、医師の立場、臨床心理士の立場、助産師の立場、遺伝カウンセラーの立場など、いろんな角度から検討して、蓄積していくことで、われわれのチームが、適切なグリーフケアをしていくための羅針盤になってくれると考えています。

また、医療者と臨床心理士、助産師、遺伝カウンセラーは、同じ職場で働いていても、時には、お互い何を伝えたいのかわからないこともあります。お互いにきちんと話して、言葉を共有していくことにより、相互に理解し合って、全体として患者さんをサポートできるようなチームを作っていくこと、また、実際にグリーフケアを学問的に発展させて、社会に還元していくこと、みんながよりよいグリーフケアを実践できるように普遍化していくということもわれわれの使命として考えております。

心に触れる人間関係に根差したグリーフケアを

堀内みどり

私は宗教学を専門とし、宗教と女性の関係を、とくに家族の中でいったいどうであったのかを、世界のいろいろな事例から、授業の中で考えているところです。

天理には、天理よろづ相談所病院「憩《いこい》の家」という病院がございます。そこは一九六六年の設立当時から、医療だけではなく、人びとの心身の悩み、あるいは生活の悩みに応えるために、事情部と世話部という部署があります。そして医療関係部門を身《み》上《じょう》部《ぶ》というのですが、これら三つの部署による三部鼎立《ていりつ》というかたちで発足しています。遠藤誠之先生の「産科医療の現場より」を読んで、現在、憩の家の病院でなされているチーム医療というものに思い当たりました。

ここでいうチーム医療は、いろいろな分野の専門家に加えて、天理教の信仰にもとづき、いわゆるスピリチュアルケアを担当する信仰者の人たち（身上部講師）も加わった、主に緩和ケアの場面で活躍するチーム医療を指します。事情部に所属する人たちは、日常的には主に病院の入院患者を訪問して、お話をしたり、聞いたりしています。また、外来の方のご相談も担当します。

そういうことを考えますと、遠藤誠之先生の医学的な知見や、鈴木由利子先生の民俗学的な知見――これまで私たちが培《つちか》ってきた、儀礼を含む癒しのテクニック、そういうものが病院という場の中で、ある意味実現されているのかなと思いました。そしてそれは、グリーフケアについての一つの大きなヒントになるのではないかと思います。

非常に現代的な知識や知見などの必要性と、また私たちがもっている文化的背景といったものを複合させることで、たとえば手術後の痛みとか苦しみとか、あるいは出産のために入院したのに死産になってしまった、そういう哀しい結果になった患者さんたちに寄り添っていけるのではないかと思いました。寄り添うために、いわゆる宗教家と呼ばれる人たちには、いろいろな知識も必要であるし、聞かせていただく体験や、あるいは求めて学ぶ姿勢など、いくつもの側面で必要とされているものがあるのではないかと思います。

もともと生と死とは、宗教や宗教者が扱ってきた領域です。ですから、宗教者自らがそういうことに関わり合おうという姿勢が、現代という時代にこそ求められているのだろう、と実感いたしました。

遠藤先生の「産科医療の現場より」では、それぞれの哀しみをそれぞれのやり方で、といったグリーフケアの処方箋というようなものの可能性を垣間見たような気がいたします。また、鈴木先生の「哀しみに寄り添う」からは、私たちが背負っている文化を抜きにしては、グリーフケアを考えられないと思いました。たとえばアメリカでこうやっているからこうしましょうと、直輸入するわけにはいかないのですね。また、現在の私たちが死から遠ざかっており、日本では病院での死が圧倒的に多いということがしばしば指摘されています。そういう中で、死をどうやって受け入れていくかという、その難しさをあらためて感じたと同時に、どのような形のケアを行っていけば受け入れられるのか、あるいは自分自身が乗りこえやすいのか、そういうことを考えなければいけないと思いました。

次に、ヘレン・ブラウンさんのお話ですが、予め『クレオ』という本を読ませていただき、感銘した部分がいくつもございましたし、本書のブラウンさんの「哀しみの中で物語を紡ぐ」にも感銘いたしました。

私自身に引き付けて少しお話をさせていただきますと、実は私は三回流産をしております。一回目は男の子で妊娠五ヶ月で流産しました。二回目は女の子で、あと三日で七ヶ月。七ヶ月だから、出てきたときに、もし息をしていれば保育器に入れていただけるというときに破水しました。夫は対面しましたが、私は顔を見ずに別れました。三回目は、妊娠しましたよと言われた次の健診で「もう赤ちゃんはいませんね」と告げられて、自覚もなく、流産ということになりました。

そういうことを、このようにみなさんの前でお話できるようになったのは、十数年経ってからでございます。ブラウンさんのお話の中で、ストーリーという言葉が強調されておりました。ところが、ブラウンさんも語られたように、そうしたストーリーができるまでに二五年かかっている。ストーリーはなかなかに構築されないということです。哀しみは繰り返しやってきます。ブラウンさんの本の中でも、本書の中でも出てまいりましたが、キューブラー・ロスの哀しみの段階というのは、プロセスとしてやってくるのではなくて、ブラウンさんのおっしゃるように、いっぺんにやってくる、あるいは一緒くたになってやってくるわけです。そうすると、それを克服するとか、乗りこえるとかというのは、言葉のあやでしかないと、私には思えます。

それがたとえば一〇年後であろうと、押し寄せてくる瞬間があるのです。天理大学でのグリーフケアのシンポジウムに際して、永尾教昭学長がご挨拶の中で、ご両親のお話をされました。

永尾学長には二歳年下の弟がおられましたが、学長が二歳のとき、生後数ヶ月で亡くなられました。それで八年前に、区切りということで、弟さんの五〇年祭をなさり、そのときに初めて、お父様が弟の亡くなったときの様子を参列者に話されたそうです。学長にとっては全然記憶にない弟で、まるで他人事のように聞いておられたそうですが、お父様の傍らにおられたお母様が涙を流しておられた。五〇年前の話であっても、わが子の死というのは、母親も父親も、何年経っても思い出せば涙が出るものなんだと、痛感されたそうです。これはまさに、哀しみが後から押し寄せてくることを示していると思います。

つまり、何が大事かと言えば、それは哀しみの当事者、そしてその当事者という人に関わる関係ではなかったかと思います。私の場合は幸いなことに、大学でのフルタイムの職がありました。当時、今よりも若かったですから、非常に忙しい思いをしておりまして、若い学生さんたちを相手に、毎日時間を過ごすことができました。忙しいということと、毎日、毎日、自分が学んだことを学生さんたちにどうやったら伝えていけるのかを考えるという作業の中で、日常は規則正しく過ぎていったのです。

ところが振り返ってみますと、その間に私は、自分の流産した経験のことを実は誰にも話していないのですね。父にも母にも話していないし、実際のところ、本当に記憶がないぐらいの十数年でありました。

ある日、夫が職場の近くから、まさに猫を拾ってまいりました。本当に小さなキジトラの猫で、目と手が黒くて、その子が夫と非常に相性がよく、実は夫は犬を飼いたいと言っておりましたが、その彼が一目惚れをしました。ちっちゃな猫だったので、すぐさま「チビ」と名付けて、わが家の一員になりました。最初の一日二日は、大きな段ボール箱に入れました。この子が、私たちがいない間にどこかに行ってしまわないかと心配で、飛び出さないように、大きな深い箱に入れました。それでも心配で、昼休みに見に行ったりした日もありました。まさにクレオと一緒で、すぐさまわが家の一員になりました。

後から振り返ると、その子が来て数年経ってから、私は自分の流産のことを話せるようになった。それでも一回目、二回目は、話しているうちに自然に涙が出てまいりました。というよりも、泣けるようになったのかもしれません。そして、涙を出さずに話せるようになるには――、今ちょっと涙が出そうなのですが、それからまだ数年かかりました。

本当に、今から振り返ると、その一匹の猫の存在が、私たち二人にとって、かなり精神的な安定剤になったといいましょうか、心を溶かしていったと思えるわけです。彼は、こんなに小さかったのですが、あっと言う間に大きくなって、一〇キログらいになりました。猫の一〇キロってかなり大きいです。一一年目に、夜、ちょっとお散歩をして、だいたい一〇時とか一〇時半に帰ってきて、夫のベッドで寝るのですが、そのベッドにピョンと乗った瞬間に、夫がいうには、ヒョッと声がしたそうです。それで、そのまま彼は逝ってしまいました。

指を折って年月を数えると、彼は、ブラウンさんがおっしゃるように、私たちの心を解放させてくれるためにやってきたのだなと、そんな感じもします。流産の経験を話せるようになったときに、自分が涙することができたと、先ほど申し上げましたが、涙が出たということで、あっ、これでもう自分にとっては哀しみは終わりなのかなあ、という気がしたのですね。そうやって涙を流させてくれたのが、一匹の猫の存在だった。だから彼は、現れる人のところに現れる。『クレオ』の中でブラウンさんが語っておられるように、まさにクレオが時を選んで、家族を選んできたように、チビも私たちの家に来てくれたのかなと思います。ブラウンさんの本を読ませていただいて、ああ、そうなのかと深く思いました。

ブラウンさんが『クレオ』という本を文字にするために

は二五年かかった。鈴木由利子先生がおっしゃった、自分自身を痛めている人、自分のせいでこうなったのではないか、子どもは生まれてこなかったのではないか、死んでしまったのではないかと思っている人たちに、それでも私たちは生きていける存在ですよと言える、ということも、ブラウンさんの本から、そしてブラウンさんの「哀しみの中で物語を紡ぐ」（第1章）からも学ばせていただきました。

そう考えますと、病院での出産におけるグリーフケアは、出産した妊産婦、それから家族、当事者である子どものことを考えて行われなければならないということになるのだと思います。その人間関係の中で、それぞれの哀しみも違います。夫婦でも、夫と私はたぶん全然違うふうに、子どもを亡くしてから生きてきた部分があったのだろうと思います。とくに二人目の子どもは、私はまったく見ていませんが、夫は火葬に立ち会いましたので、受けとめ方とか、それからの十何年をどうやって生きてきたかというのは全然違うのではないかと思っています。

自分がもっている環境というか、その人を思いやる人びとがいろいろなことを学んで、いたわりや思いやりとか、そのようなものを発揮できるような環境であることが重要だと言えます。もう少し社会的に発展させていくと、コミュニティというか、昔でいう近所づきあいの復活と言えば、あまりにも簡単ですが、二一世紀における新たな出産の場面での、病院だけで終わらない人間関係の中でこそ、グリーフケアは継続し、構築され続けていくのではないかと思ったりします。

一方で、やはり当事者団体が注目されます。先ほど「With ゆう」のみなさんの活動が紹介されましたが、そのような団体が活動できる素地が現代に生まれてきたのも事実です。また、グリーフケアやスピリチュアルケアと呼ばれる、私たちの心や精神、そういうものに触れる人間同士の関わり方についての学びも進んできています。

そのようなものを、誰がどのように使うかということを、これからもっと真剣にみんなで議論し、経験知を共有していくのが望ましいと思います。

最後に、シンポジウムの会場となった天理大学にちなんで、天理教の話を少しだけさせていただきます。天理教には「をびや（おびや）許し」というたすけがあります。これはお産の神様としての救い全般を意味します。お産に関わるお母さんも、そして子どもも、その出産の形態がどうであれ、健《すこ》やかに心身ともに健全であるように、神様が守護してくださるということです。

私自身は二人目の子どもを妊娠したとき――「をびや許し」は、妊娠六ヶ月以後でないといただけないので、その時期にいただきました。具体的には天理教の教会本部の教祖殿参拝場で「をびや御供（おびやごく）」と呼ばれる小さな和紙に包まれた「洗米」を三袋いただくことを指します。この洗米は神様に供えられたもので、これを出産の前後、教えられた時機に三回に分けて一袋ずついただきます。安産の守護であると同時に、当時あった出産のタブーや制限などから母親を解放し、その健康も保証しました。天理教の教祖は「をびやの神様」として当初知られていきました。

私は、今度は大丈夫と思って出産に挑んだわけですが、妊娠七ヶ月少し前で破水しました。そのときには、なぜ、こうなってしまったのだろう、と必死にその意味を求めました。なぜ、なぜ、という思いでいっぱいでした。妊産婦さんたちの中には、怒りや哀しみ以外に、なぜ、こういう状況が自分に起きてしまったのかという意味を、どうしても知りたいという苦悩がきっとあると思います。そういうときに、信仰の力とか、宗教というもののありようなどが、けっこうはっきりしてくるのではないかと思います。私たちの生死とは私たちの生活にどのように位置づけられているのか、生死を共有する家族という人間関係、生きることへの意味が、信仰という営みを通して意味づけられているのではないか。生きていけるということ、私たちの存在それ自体を支えるものとしての力が、信仰や宗教の機能としてはたらくのではないかということです。人間の力や能力を超えたものを感じることは、人間を生かすことにつながっているように感じます。

世俗化が進んでいる日本とはいえ、やはり文化的背景には、仏教であり、神道であり、信仰あるいは精神文化としての宗教、そういうものがしっかりと根づいている部分があります。そういうものも含めて、グリーフケアを総合的に、現代の中で構築していく議論の積み重ねが必要だと、改めて感じた次第です。

［コラム］…

出産からみえてくる家族の喪失体験

——医療ソーシャルワーカーの立場から

鳥巣佳子

社会福祉を基盤とする専門職というと、高齢者や障害者の介護をする仕事というイメージを思い浮かべるかもしれません。個人の心身の状況に応じた直接的な介護だけでなく、私たちの生活にあるさまざまな福祉問題に関する相談援助や、社会全体で福祉問題に取り組むための仕組みを創っていくことも、社会福祉の役割です。さまざまな分野で生活相談や支援を行う社会福祉専門職はソーシャルワーカーと呼ばれています。

筆者は、大学の教員となるまでは、病院のソーシャルワーカーとして健康面で生活の変化に直面した人たちを支援していました。なかでも出産と育児に関わる周産期医療を必要とする人たちの相談を聴く機会が多くありました。

新聞報道などで日本では少子化が進んでいるといわれます。みなさんは一年間に出生する赤ちゃんの数を想像できますか。平成二七年の人口動態統計による出生数は一〇〇万五六七七人です。同じ年の乳児死亡率（生後一年未満の死亡）は一・九、新生児死亡率（生後二八日未満の死亡）は〇・九、早期新生児死亡率（生後七日未満の死亡）は〇・七です。これらは、出生数一〇〇〇人に対する死亡数です。ただし、この数字は死亡数ですから、命は助かったものの重度の障害や病気を抱えて生きる赤ちゃんの数は含まれていません。出生した赤ちゃんが、みな健康に何の問題もなく成長していくとは限らないのです。

これらの数字は、日本の周産期医療が世界的にトップレベルにあることも示しています。これから妊娠や出産を経験するかもしれない若い女性たちが、祖父母世代から「妊娠や出産は女性にとって命がけのもの」といわれても、昔話を聞くような感覚かもしれません。しかし、数の大小ではなく、出生をめぐる死という課題は、今も私たちの身近に確かにあるのです。ひっそりと家族の喪の作業が行われる場所が、現代の日本においては病院といってよいかもしれません。

病院には、医師をはじめとする医療専門職以外に、ソーシャルワーカーの配置も増えています。ソーシャルワーカーは、患者さんや家族の治療中の経済的な問題や心理的・社会的な問題、転院や退院の調整や社会復帰のための相談援助を行います。「出産と産後ケア」の視点からいえば、出産を控えた妊婦さんや家族の準備や産後の子育てについても、利用できるサービスや制度の情報提供や地域の専門機関などとの連絡調整などを行います。

また、ソーシャルワーカーは相談援助の過程で、患者さんの病状の変化による障害や死という課題を考える機会があります。生まれたわが子が病気や障害をかかえることは、家族に深い哀しみを与えます。さらに、出生をめぐる死は突然に遭遇する場合もあり、家族は深刻な危機状態に陥ります。お母さんが自分を責めることも多く、周囲の慰めがいっそう自責の念を深めることもあります。そのような危機状態に、ソーシャルワーカーは医療チームの一員として家族の生活の維持や権利擁護のための介入を行う場合があります。

子どもを失うお母さんの哀しみの経験はさまざまです。妊娠中の母子の身体状況の変化から、分娩予定日よりも早産となったり、母子の病気の治療のために計画的に早期に出産することとなるなど、赤ちゃんを十分にお腹で育ててあげられなかったという思いをかかえるお母さんがいます。子どもの命を守るために心身ともに過酷な状況で出産に臨んでも、残念なことに母子が亡くなることもあります。子どもを亡くすお母さんも子どもを残して逝くお母さんも、わが子と別れるという道のりを歩みます。そのときに何を思い、今どのようなことができるのか、家族や他者とどうコミュニケーションをとりたいのか、これからのために何を残し、どんな備えをしたいのか、という願いを、遠慮なく表現できる場が必要です。それは、お母さんだけでなく、家族ひとり一人に保障されねばなりません。

一方で、出生をめぐり子どもを失うという体験は死別とは限りません。さまざまな事情があり生まれた子どもを育てることができず、施設などの社会的養護に子どもの未来を託すお母さんがいます。養育環境に不安があり、子どもの生命の安全のために公的判断から親子分離の措置を余儀なくされるお母さんがいます。家族として歩めないことを社会が責めるのではなく、その選択で開かれる未来がよりよいものになるための環境をどう整えるかを考える場が必要です。

一方で、子どもを失う親の哀しみに、まったく別の場で気づかされることもあります。救命救急センターに搬送された成人患者さんを、高齢のご両親が家族に介助されながら面会されることがあります。子どもの名を呼んで、自分よりも大きな手を握りながら涙を流される姿には、ＮＩＣＵ（新生児集中治療室）で赤ちゃんに声をかけるご両親が、子どもの名を呼んで小さな手を握りながら涙を流される姿と同じように、わが子を思う親の思いがあふれています。子どもを失う家族の哀しみへのケアは小児医療だけの課題ではなく、大切な人との関係性を喪失するという点ではすべての家族に共通する課題なのでしょう。

病院で診断を受け治療することが、ある病気の患者としてその人を無個性に規定してしまう場合があります。しかし、どのような状況にあっても人生の主人公はその人自身です。心身に重症の病気や障害をかかえた赤ちゃんであっても、死産の赤ちゃんであっても、それは同じです。ステレオタイプな患者・家族観は、当事者を尊重せず偏見や価値観の押しつけを助長する場合があります。

これまで人生を生き抜いてきた患者さんと家族には、医療者の知らない多彩な経験と力があります。暮らしの中心には患者さんの病気や死という重い課題があるかもしれませんが、それは患者さんが家族の生活に大きな影響を及ぼす大切な存在であるからにほかなりません。私たちの人生の中で大切な人を失うという体験は、いつどのように訪れるか予想できないことが多いものです。自然災害や事故も頻発する現代社会では、生活の激変の中で喪失の哀しみをかかえねばなりません。また、少子高齢化の問題だけでなく、家族という概念や、人とのつながりの形も多様化しています。家族の喪失という悲嘆をかかえる人たちを長期的に支えるセーフティーネットを、社会にどう構築していくかが、今後さらに重要になるでしょう。

わが子を亡くして生きる家族の哀しみを支える社会の仕組みは十分とはいえず、生活の変化を支える制度やサービスも限られています。故意に向けられたものでないとしても、子どもの病気や死に対する安易な励ましの言葉や優生学的人間観に裏打ちされた慰めが、家族をさらに傷つけることもあります。大切な人を失うという個人的な体験には、知人や直接関係する集団やコミュニティだけでなく、見知らぬ他者もいる地域社会や異なる価値観をもつ文化や社会全体のかかえる問題も影響します。それらを変革していくことも、人間の尊厳を保持する社会福祉の重要な使命です。

病院の医療機能は、患者さんの生が全うされるまでの診療行為として提供されるものであるため、子どもを失った家族の哀しみのケアを長期的に実施できる診療や報酬のシステムの整備は十分とはいえません。病気の治療状況にかかわらず、患者さんや家族の生活は続いています。病気にはデータや根拠に基づく標準治療がありますが、同じ病気であっても患者さんと家族の生活は多様であり個別性が高いため、社会資源を配分するだけの支援では解決できないことが多くあります。

患者さんと家族が苦しみや哀しみの中でも生き抜く力を保ち、主体的に考えて生活し続けるために、常日頃から病院内だけでなく、地域や社会全体に広くはたらきかけ続けているかどうかということが、社会福祉の実践者であるソーシャルワーカーに問われています。

［ディスカッションⅢ］…

産科医療におけるグリーフケア

司会：安井眞奈美

ヘレン・ブラウン

遠藤誠之　鈴木由利子　堀内みどり　波平恵美子

鳥巣佳子　松岡悦子　中本剛二　梶間敦子（奈良学園大学保健医療学部特別客員教授）

安井　今回、さまざまな角度からグリーフケアの可能性、とくに出産の場においてどのようなことができるのかを考えてきました。

最初に、会場からのコメントを一つ読ませていただきます。死産や流産が母親のせいで起こったのではないか、という罪悪感に母親自身が苛《さいな》まれた場合のことです。この方は、「産科医など医療スタッフが、「あなたのせいではない」と、はっきり言葉にして伝えてくれることがあるからこそ、逆に親は罪悪感をもっていたいと思えるのではないか」と指摘されています。「ドクターなどの科学的な立場にいる方の守りがあってこそ、また守られていると感じられるからこそ、自分で「罪悪感をもつ」ということにも耐えられるように思います」と、こういうコメントです。

遠藤　まさにコメントにあったように、「あなたのせいではない」と、はっきり言葉にして伝えたとしても、すぐにその場で「わたしのせいではないんだ」と納得できないと思います。でも、そのときでなくてもいつか将来、そういう言葉は患者さんの心に響いてくるときがあると思います。そういう意味では、速効性を求めてというよりも、最後の救いではないけれど、「わたしのせいじゃない」という、心のどこかにちゃんとした確信としてもっていてもらう。最終的にはその言葉をそのために使ってもらえるかなと思っているので、毎回ちゃんと言うようにしているのです。われわれがただ思っているだけでなくて、口にして、言葉にして伝えることが、すごく大切だと考えます。

安井 死産や流産について、まずそのことをご本人に伝える医療者の方の、言葉の重みを感じます。またすぐにではなく、もっと先になってから響く言葉は確かにあると思います。引き続き、遠藤さんへの質問をご紹介します。

「大阪府で助産師をしています。わたしの勤める病院では、流産、死産、新生児死を経験したパパ・ママを対象に患者会を開催しています。その会は、看護師と遺伝カウンセラーで運営しています。ご発表された大阪大学医学部附属病院でのグリーフケア、心のケアには、臨床心理士の方などが関わっているとのことですが、病棟の看護師は関わっていないのでしょうか。また病棟などとの連携はどのようになされていますか？」という具体的なご質問です。

遠藤 実際に、患者さんに一番接しているのが看護師さんであり、助産師さんであることは、間違いないことです。大阪大学のケアチームの中にも、臨床心理士、遺伝カウンセラー、看護師のみなさんが実際に入っています。具体的に言うと、そのあたりも含めて、今からどういう形が一番よいのかを探っていきたいという段階です。助産師さん、看護師さんなども含めて、まだ試行錯誤の状況です。

安井 試行錯誤で進めておられるとのこと、質問された方やほかの医療機関の方がた、そして経験者の方がたなどと情報交換の場があると、よりよい方法やさらなるアイデアが生まれてくるかもしれませんね。

仙台で第一回目のシンポジウムを開催した際に、「Withゆう」の代表を務めておられる佐藤由佳さんが、これまでの活動についてご発表くださいました。その際に、「Withゆう」で行ったアンケートの成果を報告されました。死産、流産などを経験した方たちが、病院で産科医や看護師、助産師など医療スタッフからかけられた何気ない言葉の中で、「救われた言葉もあったけれど、逆に傷ついた言葉もあった」と答えておられます。

医療スタッフの、ほんとうに何気ない言葉であったり、部屋を出た瞬間に、看護師の笑い声が聞こえた、ということであったり、「ふだんは大丈夫であっても、死産、流産に直面したときには、そうした言動に、とてつもなく傷ついてしまうということがある」とのことでした。もちろん、人により、状況によりさまざまですが、鈴木さんのご発表の中でも、医療スタッフにもう少し配慮があればいいな、という点をおっしゃったと思います。鈴木さん、「Withゆう」の活動も含めて、付け加える点がありましたら、お話しください。

鈴木　「Withゆう」に来る方たちは、深い哀しみから逃れられない方たちです。悲嘆に折り合いをつけて、哀しみを抱えながらも生きていらっしゃるという方は、基本的に参加されることはありません。

病院によっても、流産、死産した場合の対応はかなり違います。細やかな対応をしてくださる病院もある一方、あまり配慮がない病院もあり、差があるようです。

ただ、悲嘆からもたらされるさまざまな負の問題、哀しみを抱えて生活していくこと、夫婦や家族の問題、次の子どもを妊娠する不安などがあり、それを考えると少しでも早く悲嘆から抜け出すための対処が必要です。流産・死産の直後は、母親は入院中でもあり、医療の対処はとても重要で、その力を借りる必要があると思います。

先ほど遠藤さんが言われましたように、「あなたのせいではない」という言葉ですが、おそらくそれを聞いても母たちは、「わたしのせいじゃないんだわ」とすぐに気持ちを転換することはできないと思います。自分のせいだと自分を責め続けるけれども、一方でお医者さんのそのような言葉が、癒しの力にもなっていくことは確かだと思います。

医療の役割については、考えなければならないことがたくさんあると思います。そこでは地域の習わしや価値観なども折り合いをつけながら対処することも大切だと思います。儀礼についても、たとえ人の形を成さない流産であっても「人」として扱うこと、産着を着せたり掛けたりするなど「人」として送り出す気持ちがとても大事なことだと思います。

安井　確かにそうですね。病院の中での新たな儀礼が、今、必要とされているのかもしれません。産着を着せて、「人」として送り出してあげようと、ボランティアで産着を作り、それを医療機関に配る活動を行っている方がたもいらっしゃいます。仙台でシンポジウムを開催した際に、宮城大学の学生さんたちが、小さな産着を展示してくれました（第3章「流産・死産に向き合う」図4　一二五頁）。

鈴木　もちろん儀礼を行う病院もあるようです。けれど、その意味が十分に伝わらず形式的だった、あるいは、病院のマニュアル通りにしたのだろうと感じる方もいます。儀礼の意味を的確に説明し丁寧に行うことが、大切なのかもしれません。それには、医療関係者が地域の習わしや人びとのもつ霊魂観について理解する必要があると思います。

安井　今こそ、民俗学者が活躍できるときかもしれませんね。地域の習わしや人びとのあの世に対する意識、霊魂観などをきちんと説明したうえで、病院での新たな儀礼を生み出していくお手伝いをする。儀礼と、それを支える意識といいますか、世界観といったら大袈裟ですが、そのようなものを説明していく必要がある。かつてであれば、地域に残る儀礼を繰り返していけばよかったのですが、もはやそれは消えつつあります。だからといって、個人で作り出していこうとすると、すべて手さぐりの状態で行うにはあまりにも難しい。そういうことを一緒に考えたり、実行したりする人びとが必要かもしれません。

もう一つ、鈴木さんにお尋ねします。会場からの質問に、「流産や死産を経験して、ようやく望まれた子どもが生まれても、その子どもをどうしても愛せないという、新たな悲劇が生み出されることがある」というご発表についての質問がありました。もう少し詳しくご説明いただけますか。

鈴木　ナイーブな問題なので、詳しい事例については語れませんでした。あんなに妊娠を望んで、あんなに楽しみにして生まれた子どもなのに、ちっとも愛せないということが、少なくないそうです。わたしもそれを聞いて、ほんとうに人の気持ちは不思議なものだと思いました。そのような心理は、素人ではどうもわかりにくく、臨床心理士の方などに、専門的に対応していただく必要がある重い問題だと思いました。

安井　たしかにナイーブで個人的な状況が関わってきますね。時間はかかるかもしれませんが、ご本人が、死産や流産の経験から出発し、自分の中で納得できるような物語を作っていく、自分の人生の中に死産や流産を位置づけていくことが重要なのかもしれません。

物語を作り出すことについては、堀内さんがグリーフケアの可能性として、流産、死産などを含めた「子どもの死を物語る」といったことを、今後どのような場で生かしていくのかを具体的にディスカッションすべきだ、と指摘されていました。一つは医療の現場で、すでに遠藤さんたちの阪大医学部のグループがやっておられるような取り組み。もう一つは、少し大きな話になりますが、宗教の場での取り組みです。「死を物語る」ことを、かなりの程度、宗教が担ってきた部分があると思います。堀内さんは、グリーフケアという点から、宗教に何ができるかという大きな問いに対して、どのようにお考えでしょうか。

堀内　先ほど申しましたように、生と死の問題は、常に宗教がメインテーマとしてきた、かつては宗教家と呼ばれる人たちが担ってきた分野だと思います。ところが最近では、日本について言えば、死そのものが人目から遠ざけられている、もしくは遠ざかっていると言える。鈴木さんもご指摘されたように、儀礼そのものも、「誰かやっといて」と言ったり、家族葬とか、葬式なんかいらない、といった言葉が流行語になるくらい、いろいろな意味で生と死とが、現実の生活から乖離《かいり》しているように思います。

　今、あらためて宗教者とか宗教が担う役割としては、グリーフケアという分野に非常に大きな需要があると思います。それには宗教者の努力も大きく影響している。しかも、それはスピリチュアルなケアに通底している分野ではないかという感があります。

安井　まさしくそうですね。生と死が現実の生活から遠ざけられているから、どうやって儀礼をやっていいかわからない。だからこそ、何かあったときに、身近なところで助けてくれる宗教者のような存在が必要とされているのかもしれません。その点については、東京でのシンポジウムで、上智大学グリーフケア研究所の島薗進さんが、仏教における現代の取り組みや、スピリチュアルケアの可能性について、堀内さんと同じような視点から発表されました。宗教学の立場から現代社会を捉えると、生と死が身近なところから遠ざけられていることが、はっきりとわかるわけです。

　先ほどの問いに戻りますと、いろいろな場でグリーフケアを考えていくときに、産科医療の現場では産科医の先生、助産師さん、看護師さん、みなさんそれぞれ日々やることが非常にたくさんあって、その上で心のケアについても考えていくとなると、現場の負担は増大していく一方ではないかと思います。そういうときに、臨床心理士の方に加え、たとえば医療に携わって地域で活躍しておられる保健師の方がたやソーシャルワーカーの方がたも加わることによって、医療スタッフの負担軽減につながったり、また違った角度からグリーフケアに取り組んでいかれたりするのではないかと思います。

　ここで社会福祉がご専門の鳥巣佳子さんにコメントをいただきましょう。

鳥巣　わたしは三年前まで病院で医療ソーシャルワーカーとして勤務し、特に周産期の患者家族の支援を中心にやっておりました。今回のテーマは、社会福祉の視点から見ても大きな課題を提示されたと思います。

　安井さんがおっしゃったように、出産に関わるグリーフケアというのは、けっして病院の中で完結することではありません。社会福祉の立場では、人が生きる過程にはさまざまなライフイベントがあり、その中で何らかの生活課題を抱えたときにその人が課題と向き合うことをどう支えていくかが大きなテーマになります。

その意味では、子どもを失うという哀しみを経験した母親は、その後何年か経って妊娠したり、別のライフイベントで何らかの課題を抱えたときに、今回の経験をもとに新たな課題に取り組むことになると踏まえることも重要になります。長期的な見守りという支えを継続するために、退院後の生活を営む地域の専門機関につなぐことも必要になります。周産期の支援では地域のキーパーソンは保健師ですが、地域での業務は多忙であり、母子保健の支援期間にも限りがあります。むしろ、子育て支援に限らず、広くグリーフケアの場が多職種協働で展開され、地域で誰でも享受できることが家族の孤立予防につながるように思います。

対人援助では、専門家による支援とよく言うのですが、社会福祉ではその人の生活の一番の専門家はその人自身と考えます。遠藤さんが指摘された、多様な体験の渦中にあるお母さんたちは、どんなに絶望感に打ちひしがれていたとしても、自分の課題のことを最もよく理解し解決する力をもつ人であり、尊厳を保持されねばならない存在です。

また、母体の病気治療のために早産することとなり、赤ちゃんを健康に産んであげられなかったという思いを抱えながら、治療に全力を尽くすお母さんにもお会いすることがあります。病状によって母か子、または双方が障害を抱えたり亡くなられることもあり、深い哀しみが複雑に層を重ねていきます。

母子のさまざまな形のグリーフにどのように向き合うかは、医療機関や地域の専門機関などが単独で抱えるにはあまりにも大きすぎるテーマだと思います。そういう意味では地域の支援という小さなことではなくて、生活の課題の専門家であるご本人たちが、安心して悩み揺れ動きながらもご自身のもつ力を発揮できるよう、さまざまな領域の専門家が支え続けていく。その人が課題を解決していくプロセスに長く寄り添える体制なりコミュニティが構築できるように、今気づいたわたしたちが、グリーフケアのつながり合いから生まれる支えの方法を、考えていけたらいいのではないかと、本日のシンポジウムで考えさせていただきました。

安井　ありがとうございます。グリーフケアを地域に広げていくというのは、重要な課題になっていくと思います。ソーシャルワーカーという専門的な立場だけではなく、みんながそれぞれ関わっていける活動の場が、たとえば仙台の「With ゆう」さんであったりすると思います。

もうお一人、研究をともに進めております、助産師の梶間敦子さんにお伺いしてみます。梶間さんは、助産師として長年、かつての天理看護学院で教鞭をとり、さらに最近では、ご自宅を開放して、教え子の助産師さん、看護師さんをはじめ、子育て中のお母さんなどが立ち寄って、いろいろ雑談をする語りの場を提供しておられます。たわいもない話をしたり、雑談に笑い合ったりして、元気になって帰っていかれるのは、何か心が解きほぐされていくようなきっかけが、場を共有することによって生まれているからではないかと想像します。そうしたご自身のご経験から、グリーフケアの可能性についてコメントをいただければ幸いです。

梶間　今回、いろいろな方がたのお話を聴かせていただき、助産師として感じたことは、多くの方がたが、「寄り添う」という言葉をたくさん使われたことです。もともと助産師の語源には、女性と家族に寄り添う、という意味がありま す。助産師として、お一人おひとり、そばに寄り添っておす。助産師として、お一人おひとり、そばに寄り添ってお産を見ていますと、お産は子どもが生まれるという意味だけではなく、母親として生まれる、父親として生まれる、そういう意味もあると思います。家族が生まれる場面に寄り添うことこそ、助産師の重要な仕事だと思っています。

助産師は、誕生の場面で寄り添うことはもちろんですが、まさに今回のテーマである、死の場面、喪失の場面に寄り添うこともあります。生まれるときであれば、母親として、そして父親として生まれるのですが、その大事な家族の一人が旅立ってしまう際、ご家族の心境はどんなものだろうかと、いろいろなことを思いながら、助産師として聞かせていただいていました。

安井さんからの質問と少し懸け離れるかもしれませんが、まず、お産に限って考えてみますと、生まれることもたいへんなことです。それを受容するということ、母親になるにあたって、最近よくなされているように、入院中の早い時期にお産を振り返る、それをバースレビューと呼びますが、それをして母親になっていかれるのです。みなさんもご経験があるかもしれませんが、お友だちの出産のお見舞いに行くと、いつ陣痛が始まって、破水して、何時間もかかってほんとうにもうたいへんで、先生がこうおっしゃって、それで何時何分にようやく生まれて……と、一人ひとり、何回も何回も語る。

いろいろな方に語るのは大事ですけれども、お産に携わったプロセスを、その方の頑張りを一番よく知っている助産師に語ってくださるのは、とても大事なことだと思います。助産師は、そういった役割を担うことが大切だと思っています。

わたしは、助産所を開業しているわけではありませんが、誰でも、ふらっと立ち寄れるスペースをと考え、自宅を開放しています。お産のことだけではなく、いろいろな人たちが訪ねて来てくれます。子育てのこと、病気のこと、家庭の悩みなども相談に来てくれることもあります。こちらから「ああしたほうがいいよ」「こうしたほうがいいよ」と言わなくても、しっかり寄り添い、相手の話を聞けば、何も答えを出さなくても、そこで自分で正しい答えを見つけ出して、晴々とした面持ちでみなさん帰られることもあります。そういった苦しみとか心の重み、これから自分が新しいことを始めるというようなときに語ること、しかもしっかりと語ることが大事だなと思います。そうする中で、こちらも多くのことを学ばせてもらっています。

安井　ありがとうございます。訪ねて来られるみなさんは、助産師の梶間さんから明確な答えを引き出そうとしているわけではないのですね。ただ寄り添って話を聴くだけでも、相手にとってはとても重要な機会になるということがよくわかります。

では、質問をもう一つご紹介します。「グリーフケアという面からすると、日本はやはり遅れているのでしょうか」というご質問です。

これについては、医療人類学がご専門の松岡悦子さんに伺ってみたいと思います。海外のお産を数多くご覧になって、産科医療の現場で現在、グリーフケアはどのように進められているのか教えていただけますか。少なくとも『クレオ』を読む限りは、ヘレンさんが体験された中では、グリーフケアなどまださかんではない時代でしたので、キューブラー・ロスの『死の瞬間』を、「実際はこんなんじゃないわ」と批判的に読んだ、と書いておられます。日本だけではなく世界各地でも、グリーフケアの取り組みは比較的新しいと言えると思いますが、いかがでしょうか。

松岡　専門家が行うグリーフケアという意味で考えればよろしいでしょうか。

安井　はい、そうです。ただ、専門家によるグリーフケアに限らず、もっと広い意味で、さまざまな方が関わっているようなグリーフケアもあると考えられます。たとえば、コミュニティのレベルでのグリーフケアといったものは、いかがでしょうか。

松岡　真正面からの答えではありませんが、「日本が遅れているのでしょうか」という問いかけは、逆に考えれば、グリーフケアを日本でこれまで特別に担う人がいなくてもよかったからと受け取れるのではないかと思います。先ほどの鈴木さんのお話の中で、死の伝統的な習俗を知っていることが重要だと言われました。そういう死の習俗が共有されていたときには、人生の中で哀しいことが起こっても、それを自分一人の力で乗り越えなくても、みんなで共通の物語を語ったり、共通の儀礼を実践したりすることで、哀しみが共有されて薄められたのだと思います。死の習俗の中にそのような機能があったのだと思います。

ただ、そういう伝統的な死の習俗は変化し、次の世代に伝わらなくなっていきます。でも伝わらなくなっている一方で、お子さんを亡くされたお母さんたちが、子どもの魂を誕生日会に呼び合うことを実践されているのは、伝統的な先祖供養や、亡くなった人の命日に、その人の魂がそこにいるかのように食べ物を供えるのと非常に似ています。そういう意味では、その地域の伝統的なローカルな習俗は失われても、人類に共通の物語を生み出す能力、何か普遍的な物語を生み出すような力が、人間の中にはあると思いました。

グリーフワークという形で専門的で学問的なやり方が発達していないのは、逆に伝統的な習俗が残っていて、その必要がなかったからだとも言えます。日本が前近代的な部分を残しているからこそ、人びとに共有されている死の習俗の片鱗がまだある。もしくは、人びとの頭の中に残っていて、子どもの魂を呼び合う誕生会のような、新しい習俗を生み出していく力が残っている、と受け止められるのではないかと思いました。

安井　前近代の死の習俗を踏まえた、たいへんわかりやすいコメントをいただき、ありがとうございます。たしかに宗教という大きな枠組みを考えるのではなく、そのバックボーンにある死生観や死の儀礼などが、重要になってきますね。葬式に参列することにより、死者をみんなで一緒にあの世に送ろうとすることが、グリーフケアに匹敵する大きな体験になっていたと思います。お葬式の手順は、仏教の場合でしたら、四十九日まではこれとこれを行う、というふうに細かく手順が決められています。その中で、たとえ深い哀しみを抱いていたとしても、儀礼を行う中で、少しずつ落ち着きを取り戻しながら、死を受容していくことができたのかもしれません。そういう儀礼をみんなで当たり前のように行っていた時代であれば、あえて個人的にグリーフケアを専門家に頼む必要もなかったのでしょう。

この点は、東京で発表された島薗進さん、また仙台で発表された鈴木岩弓さんが、宗教学の立場からご指摘されています。死の儀礼の中に、すでにグリーフケアの機能が備わっていたと。誰かが亡くなって、初めて迎えるお盆を新《にい》盆《ぼん》と称して、親族が集まり、ご馳走を食べながら、その人のことを語る。みんなでその人の記憶をもう一度、呼び直して供養する。何年もかけて段階を踏んで供養することで、死者はいずれは先祖になる。そういう長いプロセスを経て、残された人びともグリーフケアに似た経験をし、癒されていくことがあったと思います。

そういう意味では、個人に焦点を当てた専門家によるグリーフケアは、まさに死の儀礼が簡略化されたり、死の習俗が省略されたりするにしたがい、ますます必要になってくるものと思います。

次に、外国のグリーフケアについて、同じような質問をいただいていますので、中本剛二さんに伺ってみたいと思います。

日本に住んでおられる外国人の方がたが、病院で治療を受ける際、言葉の問題も含めて、どのように痛いのか、しんどいのか、なかなか様子を伝えられない現状があります。そのような外国人の方がたに、中本さんは、通訳の方を紹介して少しでも助けになるような活動をされています。中本さんご自身が通訳として行かれるのではなく、いろいろな方をコーディネートして、マネージメントされている、そのようなNPO「みのお外国人医療サポートネット」の事務局長を務めておられます。そうした立場から、グリーフケアについてどんなふうにお考えでしょうか。

中本　非常に難しいですね。今回のグリーフケアのシンポジウムでは、三つの会場それぞれすべてに参加させていただきました。最初の仙台では、震災で亡くなられた方と、その喪失を経験した人びとのケアをどうするかが大きなテーマでした。それとも関連するのですが、東京のシンポジウムでも、仙台のシンポジウムでも、臨床宗教師の養成が一つテーマとして出ていました。それはある種の専門家です。宗教をバックグラウンドにしたグリーフケアの専門家を養成し、グリーフケアを行うことだと思います。

もちろん、そういう可能性がある一方で、僕自身が関わっていることから話をさせてもらいますと、外国人の方が病院に行き、非常に困っているときに、言葉が通じないという問題だけではなくて、細かい、対面的なやり取りの中で、文化や制度などさまざまな違いに関する問題があります。自分が、どこがつらいか、何がしんどいか、なかなかわかってもらえない状況があります。たとえばイスラム教徒の女性の方であれば、男性に診察してもらうことはすごく抵抗があったりするわけです。食事に関しても、食べられるもの、食べられないものがあります。でも、それを日本の医療現場はなかなか受け止める状況になかったりします。そういうときに、ケースによるのですが、対応できる病院もあるし、できない場合もある。また、ここまではできるけれども、ここからはできないといった線引きをする場合もあります。

そこでそういう話を聞いてくれること、話を聞くことと語ることの大切さが、大きなテーマとして出てきたと思います。その中で、わたしたちはボランティアで活動していて、ある種の専門性はもちろん必要だけれども、そこで感謝される、ありがとうと言われることが、つまり依頼者が自分の言葉で話ができる、依頼者の話を聞く人がいるという場を作っていることが大切なのだと思います。それを少し解釈すれば、具体的な問題をどこまで解決できるかどうかはわからないけれど、あなたにわたしは関心をもっていて、あなたが何に困っていて、何がつらいのかを素人の立場として聞きますよということだと思います。要するに、プロではなく素人としてわたしはあなたに関心をもっていますよということ、そして特定の目的があるわけではなく、あなたがどう思っているかを知りたいということを、伝えることなのかなと思っています。そういう形でコミュニケーションしていく中で、非常に暗い顔だったのが、笑顔になっていくことがあるようです。もちろんそこには難しさもあります。守秘義務の問題もありますし、通訳が本来の目的ならば、それをどこまで引き受けるのか、という難しさもあります。

今回のご発表やディスカッションに共通する問題の中で、一つは共同体と共同性の中で当事者がどういう話をして、自らの経験を理解して、物語を作っていくことができるのかという問題があります。でも、その共同性というのはかつてのような形ではもうあり得ない。では、どうするのかという中で、専門家がそれを担うという話がもちあがってきます。その専門家にもさまざまなものがあり、その連携も非常に重要なことだと思います。

個別の問題については、たとえば困っていることがあれば、それについて担当する行政の部門に伝えたり、NPOが連携したりすることでいい方向に向かう場合もあります。ただ、完全に専門家が担うという形にしていくだけでは難しいのではないかという気がしています。NPOなども含めた形での共同性、あるいはもっと別の共同性によって、あいだを、隙間を埋めていくことが必要で、そこで何かできないかなと考えています。

安井 たしかに、すべてのことを専門家にお願いして、ケアが必要なんだという前に、もう少しいろいろできることがあるのかなと思います。たとえばわれわれ研究者にしても、波平恵美子さんがおっしゃった、哀しみを表現する語りのパターンを示すことが挙げられます。そういうものがあれば哀しみを語りやすくなり、またパターンが多様であればあるほど、自分と同じような哀しみを抱いて生きてきた人がいるんだ、と思えるかもしれません。

ヘレンさんが、『クレオ』の中で自分の経験をもとにして書かれたような語りのパターンを、これからどのようにして生み出していけばいいのか。たとえば民俗学者が、哀しみを抱えている人たちに向き合い、きちんと聴く耳をもって、語りを引き出していく。この点について波平さん、どのようにお考えでしょうか。

波平 とても大事なことを安井さんはお聞きくださったと思います。幾重にも、幾ヶ所にも、いろいろなタイプの語る場所、聞いてくれる人がいる場所が必要なのではないかと思いました。救急にも一次救急、二次救急、三次救急とあるように。医療機関で死産や流産を体験した人にとっても、とりあえず医療機関にそういうことを聞いてくださる方がいて、そして語りやすい雰囲気があるということが、まず出発点かなと思います。でも、それはあくまでも一時的なもの、緊急的なものです。では、帰ったあとどうするか。それから数年経ってもまだ立ち直れない、グリーフワークができていない場合はどうするのかを考えますと、そのような場所は、常に複数なければいけないと思います。場所が複数あるだけではなくて、聞いてくださる方も複数必要です。専門家もいれば、NPOもある。プライバシーの問題はありますけれども、素人の方でも聞くことの訓練を受けた人。わたしは小さな町に住んでいますが、その社会福祉協会が、お話を聞いてあげる傾聴者《けいちょうしゃ》のボランティアを募集しています。傾聴することの訓練を受けて、とにかく聞くだけということで、月に一回、いろいろな人たちが語りに来るのだそうです。それもまた一つの形だと思います。

一つの場所で同じような人が聞いてさしあげるのは、あるところだけを特化して、そこに予算を投入するとか、人材を投入するとかいうのは、あまりうまくないかなと思います。一筋縄では行かないことは、先ほどから鈴木さんのご発表にも出てきましたけれども、哀しみが一筋縄ではありませんから、哀しみを越える手段も一筋縄ではないと言えます。常に複数用意されているのが理想ではないかと思いました。

安井　話を聞いてくれるいろいろな場がある、いろいろな人が関わってくれることがほんとうに大事だと言えます。このことに関連させて、遠藤さんにお伺いします。ご発表の中に、インターネットで、自分の症状に関連するあらゆる情報を探し続ける患者さんの話が出てきましたが、それは自分と似たような経験をした人がいて、それをどのように克服できたのかを確かめたい、という意識が強いからなのでしょうか。

遠藤　インターネットに関しては、患者さんが、医者が何気なく口にした表現や言葉などを必死で探していきますが、インターネットはいろいろな情報が載っていて、貴重な情報に辿り着くのがたいへん難しいと思います。みんながそういうところで、負のスパイラルにどんどん落ち込んで、悪い方向に考えてしまっていることが、患者さんの中に多く見受けられます。積極的にこちらが、「インターネットとか調べていませんか」と尋ねると、ほとんどの方が「調べています」とおっしゃいます。発表でも述べたように、そういう方には、日本語で書いた教科書のコピーなどを渡します。「ここに載っている情報はもっと詳しく書いてあるので、それをまず読みなさい」と言う。負のスパイラルをきちんと断ち切ることを積極的に行っています。インターネット探しのために、病める方も多いです。インターネット探しをやめるのも大事だ、と伝えることは非常に大切だと思います。

安井　負のスパイラルを断ち切ることができるのは、専門家だからこそですね。

遠藤　そうだと思います。もちろん、医学知識が重要なのですが、自分自身の感覚では、患者さんは医者に対して専門知識だけを求めているわけではないと思います。シャーマンであるとか、宗教家であるとか、そういう性格をも、患者さんは医療者に求めているのかな、と感じています。先ほどの、「胎児は自分のことを恨むんじゃないか」という患者さんに僕がよく言うのは、これは医学知識でも何でもないのですが、「赤ちゃんは僕ら大人よりも、よっぽど世俗にまみれていなくて、ピュアな存在だから、僕らの考えているようには考えていないよ。お父さんもお母さんも悩んでいるなあ、というふうに、やさしく見守ってくれているよ。だからそんなに悩まないで。赤ちゃんは、恨むとかそんな感情を起こすわけがない。仏さんとか仏像とか見てみなさい。あの仏さんの顔はたぶん、昔の人が胎児の顔を見て作ったんだろう。だから、胎児は恨むことがないですよ」ということをよく言うんです。これって全然医学知識じゃないけれど、でも、そういうことを言うのが、患者さんには救いになっているだろうなと感じています。

安井　遠藤さん独自のお考えにもとづくお話を、患者さんに丁寧にされているのですね。話の中身よりも、と言ったら失礼ですが、医者からそのことをじかに聞くことが大事なのだろうと思います。

遠藤　学生教育の中でも、医者の科学的知識以外の役割についても伝えるようにしています。医者がポロッと言った言葉を、患者さんはよい意味で受け取ってよくなったり、悪く受け取って悪くなったりすることがよくあります。「お医者さんの一言は、黒い呪いをかけることもできれば、白い呪いをかけることもできるんだから、君たちはそういうことも考えて、患者さんの気持ちが楽になるような「白い呪い」をかけられるような医者になろうね」という点も、学生教育の中では言っています。

安井　学生さんたちがそのように考えて医者になられることは、たいへん心強いです。

遠藤　先ほどの波平さんのコメントですが、自分の経験を人と語るのは非常に重要だと思います。ではなぜ『クレオ』で猫が出てきたかというと、他人と話している場合には、語りの中に相手の思惑が混じってくることがあるので、猫を相手にすることで、自分の思うようなストーリー作りが可能になるのかなと思いました。そこに、人と猫の違いがあるのかなと。そういうことを考えると、現代はAI、人工知能などで、中国ではすでに携帯アプリで恋人のような相手ができているそうですが……AIのようなものを使って、自分の好みの語り相手を作っていくのも、今の時代だったら考えられると感じました。

波平　たまたま最近読んだ雑誌に、ロボットは心をもつか、というエッセイがありました。AIBOを共同葬式する人たちがいました。AIBOはソニーが出した犬型ロボットですが、製造中止になって、一〇年経って、もうアフターケアもしないことになりました。そうすると、動かなくなったAIBOはもはや修繕してもらえないので、共同のお葬式をしたのだそうです。AIBOに向かって絶えず自分の心を語る人たちが相当数いるといいます。それを見て、ソニーはもう一度、AIBOみたいな犬型ロボットを作ると、企業戦略を変えたというエッセイでした（二〇一八年一月、aibo復活。編者注）。語る相手として猫を飼うのはたいへんなので、ロボットでやろうという人たちも出てくるかもしれません。

安井　動物を飼うのがたいへんだという人には、ロボットを薦められるように、さまざまな可能性を実現できる時代になりましたね。

ヘレンさんにお伺いします。『クレオ』の中で、クレオという猫によって長年かけて息子を亡くした哀しみが癒されていく過程が詳細に描かれています。その中でヘレンさんは、当初から、クレオの目を通して世界を見たらどうなるだろう、と他者の視線で自らの状況を俯瞰《ふかん》的に捉えようとされている。たとえば、「こんなときでもクレオは気高くしているんだから、わたしだってもうちょっとちゃんとしなければ」といったぐあいです。ヘレンさんは、クレオを通して、ジャーナリストとしての目を取り戻さなければならない、と意識しておられました。それは、ヘレンさんのジャーナリストとしての自覚が、哀しみのただ中にあっても、再び芽生えていく瞬間だったのかな、と思います。その点は意識されて書かれたのでしょうか。

ブラウン　おっしゃるようなことを意識して書いたわけではなかったのです。今、わたしたちが話したこと、人間や猫の価値について考えています。わたしも、この時代ですから、寝る前に本を読んだり、起きて最初に見るのがiPhoneであったりします。けれども、猫がいると、本当にすばらしい朝が、きれいな朝がある、そういう自然に目を向けさせてくれる。それがほんとうにすばらしいことだな、と思っています。

動物は、わたしと同じようなもの、同質のものがあることに気づかせてくれました。また、この本を通して、世界中の違った文化の人びととわたしには、共通のものがあることに気づくことができました。

安井　たとえ動物を飼っていなくても、山に囲まれた美しい景色といった自然もまた、わたしたちの心を癒す重要な存在になり得るわけですね。

ブラウン　仙台で雨が降っていて、とても暗い雰囲気だったのです。けれどもそこで黄色い花を見つけると、その瞬間に心が明るくなる、そういう経験がありました。

宗教者や傾聴してくれる人、そういうカウンセリングがうまくいかなかったりしても、自分自身の手順を作り出して、自分を癒すことが可能かなとも思っています。本には書かなかったのですけれども、わたしは流産を経験しています。そのときに、花を滝の上に散らして、その花が滝をつたって降りていく、その姿を見て癒されたこともありました。

安井　『クレオ』に書かれていないことまで教えていただいて、ありがとうございます。自分なりの手順を作り出し、それを実行に移す、そういうやり方で哀しみを癒していく方法もある、ということですね。それは今後、ますます重要になっていくのではないかと思います。

（本稿は、二〇一六年九月二四日に天理大学にて開催した連続シンポジウムⅢ「出産の場におけるグリーフケアの可能性」のディスカッションをもとに加筆したものです）

通訳：安井幹直（天理教海外部）

【コラム】…連続シンポジウムに参加して
――当事者・専門家・メディエーター

中本剛二

二〇一六年九月一九日から九月二四日にかけて、ヘレン・ブラウン氏を招いて行われた連続シンポジウム「大切な人を失った哀しみを抱いて――グリーフケアの可能性」の、仙台、東京、天理の各会場におけるシンポジウムすべてに参加することができました。その経験から、全体を通して感じたことを少し述べたいと思います。

紙幅の関係から、個別のご発表について詳しく述べることはできませんが、課題の一つとなったのが専門家と、かけがえのない存在の喪失を経験した当事者の関係や関わりについてでした。現代では死は医療化されており、身近な人の死を経験する際に、医療専門職との関わりが大きな側面を形成します。喪失を経験するものにとって、医療従事者や心理カウンセラーの対応は、救いともなる一方で、しばしば冷たいものや的外れなものにも思えてしまうこともあるのかもしれません。仙台での佐藤由佳氏の発表（第3章「流産・死産に向き合う」）からは、流産や死産を経験した人は少なからず、医師や看護師の心ない（と聞こえてしまう）言葉や対応に傷つけられていることがわかります。私自身も、医療者のルーティン・ワークになってしまっている対応が当事者に冷たく感じられたり、悪意はないにしても、医療者の口から出た一言が当事者をひどく傷つけてしまったりすることがあることを、流産を経験した方からのインタビューで聞き取ったことがあります（中本剛二『現代医療のエスノグラフィー――医療・文化をめぐる関係性』大阪大学文学研究科、博士学位論文、二〇一〇年）。また、李仁子氏の発表（第2章「震災で失った子どもとともに」）では、震災を経験した人にとって、派遣されてきた臨床心理士と話をするのが「苦痛でしかなかった」との体験談も示されていました。

また、それら専門職と素人の関係に関

連することとして、ヘレンさんが『クレオ』において、また講演において触れられたE・キューブラー・ロスの『死ぬ瞬間――死にゆく人々との対話』（川口正吉訳、読売新聞社、一九七一年）をめぐる体験についても教えられるところが多いと感じます。私たちが生活していく中で経験する事柄の意味は、さまざまなカテゴリーに分類され、抽象化され、分析されることで変質してしまったり、抜け落ちてしまったりする場合がありま す。ヘレンさんにとっては、キューブラー・ロスによって整理された五つの段階は、「いっぺんにやってくるもの」であり、そして最後の「受容」だけは当初は、断固拒否したいものだったといいます。

これらの事態からは端的に、死や喪失をめぐる専門的な知や実践が、個人の体験といまだうまく向き合うことができない場合もある、あるいはうまく接合しない場合もあるということがわかるのではないでしょうか。

たしかにキューブラー・ロスの著作は、社会学的には根拠がないものと指摘されてきました（黒田浩一郎「はじめに」佐藤純一、黒田浩一郎編『医療神話の社会学』世界思想社、一九九八年）。しかし、筆者自身が一九九〇年代後半に、病院でフィールドワークをしている際には、それは医療従事者、とくに看護職の口からしばしば聞かれる名前でした。彼／彼女らにしてみれば、死の臨床に関わるうえでバイオメディスン（生物医学）の知識やそれまで習得した看護の技法が、喪失という経験の前にあまり拠り所とならない中で、自分たちの葛藤や不安に形を与えたり、肯定したりしてくれるものの一つであり、当時盛んになりつつあった死の臨床について考えるさまざまな流れの原点にあった著作だったのだと思います。専門職の側からも、長らくそのような喪失という体験を目にする中で消耗し、そしてそれをどのように理解し、またそれらの経験にどのように接するべきなのかということが模索されていたと感じます。

私がそのような経験をした時代から二〇年近くがたちますが、今回のシンポジウムの中で、形を変えながらも同様の状況がいまだ見られるとともに、それに対しての取り組みや応答も垣間見られたと感じました。たとえば流産を経験した母親から、自らの行動や不養生などが原因ではないかとの悲嘆や後悔の言葉を聞くことがありますが、天理大学での遠藤誠之氏の発表（第3章「産科医療の現場より」）においては、専門職の側から、専門的な知識にもとづいて情報を提供することが当事者の苦悩や不安を和らげる面があることも指摘されていました。流産などの経験は、医学的なエビデンスにもとづいても多くの場合、「母親のせい」ではないのです。もちろん、それをどう受け止めるか、そしてその言葉を受けてどのように喪失に向かい合うかは医療者と当事者の築いている関係性や、個別の状況にもよりますし、その経験を理解し、形成していく長い道のりの中で意味を変えていくものでもあると思います。

　そして、まずは、何かしら困難を抱える人に、素人として関わること、素人として話を聞くことの重要性も感じました。私自身は大阪北部で外国人市民が医療機関を訪れたり、保健サービスを利用したりする際に、医療通訳を派遣するなどのサポートを行う団体「みのお外国人医療サポートネット」で事務局をしています。そこで、メンバー間の会話で繰り返し語られるのは、もちろん通訳も大事なのだけれど、外国人市民の方本人が（文字どおり）自分の言葉で語ること、そして話を聞いてくれる人がいることが大事だということです。それは言い換えれば、特定の目的や役割のためではなく、自分の困難について聞いてくれる人がいること、関心をもってくれている人がいることがわかることで、落ち着いたり、笑顔になったりできるのではないかということなのです。ただ、素人が素人として、喪失といった大きな困難に向き合うには限界もあります。話された内容についてプライバシーなどについては最大限の配慮がなされなければならないのは当然です。また、聞く側の負担も考えられなければなりません。最初の段階として、そのように「私」の困難に関心をもってくれる人がいることは、大きな力になるのではないかと思うのです。

　そこからさらに、これまでとは異なる何らかの専門性やバックグラウンドをもった人の対応が求められるのかもしれません。今回の連続シンポジウムでは、宗教的なバックグラウンドから死にゆく経験や喪失に向き合う「臨床宗教師」の養成と試みが、仙台では鈴木岩弓氏から（第2章）、東京では島薗進氏から（第1章）紹介されました。何よりも死生観や他界観について蓄積をもつ宗教がバックグラウンドとなる専門家の果たす役割は大きいでしょう。

　そして、専門家と当事者や、素人として関わる人の間に入るメディエーター（仲介者）の重要性も増します。筆者自身は文化人類学が専門ですが、人類学者は喪失という経験に対してどのように向かい合うことができるのか、問われていると感じます。仙台での李氏（第2章）の発表では、喪という時間のかかるプロセスに、マスメディアなどとは異なって時間的制約にとらわれずに、つきあいを深めていけることが指摘されていました。まずは寄り添い、ナラティヴの形成に貢献する存在が必要で、先に述べたような素人として、あるいは友人や同じ体験をした人のネットワーク（あるいは猫のクレオのような存在）が大切なのだと感じますが、人類学者もフィールドワークを通じてそのような存在にもなりうるのかもしれません。

　さらに付け加えるならば、フィールドワークの成果にもとづいて民族誌／民俗誌を専門職と当事者の双方を読者として想定して記述していくことや、異なる立場の人が、普段、特に役割を担わない状態の中で出会う場を作るといったことで、専門家と当事者を仲介することができるのではないか、とも思うのです。もし、死の臨床において、医療従事者が何を感じ、どのような取り組みをしているか、当事者になる前に緩やかな関係性の中で知ることができるならば、自らが当事者となったときに対面的な場面で感じられる違和感や冷たさとはまた異なった印象をもつことができるのではないでしょうか。また、専門職に対して民族誌／民俗誌を提示したり、シンポジウムなどの出会いの場面を用意したりすることで、素人や当事者の感覚や感じ方を（批判も含めて）伝えていくことができるならば、専門職のジレンマをいくぶん緩やかなものにすることもできるのではないか、とも思うのです。

　そのような出会いを形成するという意味においても、今回の連続シンポジウムでは多くのことを考えることができ、実り多い企画だったと感じています。

物語を紡ぎ続ける――あとがきにかえて

ヘレン・ブラウンさんとの出会いから、『クレオ』の邦訳出版、ヘレンさんを招いての連続シンポジウムの開催、そして本書の刊行へと、たくさんの方がたに助けられてここまで辿り着けたことに、まずは心より感謝いたします。

島薗進さんのいう「哀しみの容れ物になるような文化をつらい人に伝えること」は、専門家に限らずわたしたち自身がグリーフケアを考え、実践していく際に、一つの指標になると言えます。また松岡悦子さんは、民俗社会が担っていたグリーフケアに相当する営みが専門職の領域に移しかえられると、そのときの物語は、文化の壁を越えた普遍性の高いものになっているのではないか、と指摘されました。日本語を含め一八ヶ国語に翻訳された『クレオ』は、まさにそのような普遍性の高い物語だと言えます。世界の多くの人びとが、猫のクレオが優しく見守ってくれる家族の物語に、文化を越えた癒しを感じたのでしょう。

本書で何度も触れられた「物語を紡ぐこと」は、ヘレンさんのようにノンフィクションを書くことだけに限らず、つらい気持ちを綴ったり、語ってみたり、また思い出のアルバムを作ってみたり、そんな日常の行為にもあてはまります。

たとえば鈴木岩弓さんが最後に紹介された、一九三七年刊行の『子を喪へる親の心』は、宗教学者の川村邦光さんがその内容について分析し、亡き子の写真撮影や肖像画の作成が、一九二〇年代後半から三〇年代にやや盛んになることを指摘しています（『弔い論』青弓社、二〇一三年、一二六頁）。『子を喪へる親の心』に収められているのは知識人男性の手記が多いのですが、わが子を失った哀しみを表現する方法は、これ以降も常に模索されてきたと言えるのかもしれません。

翻って現代においては、「With ゆう」のみなさんの活動が、母親やその家族が「わが子」の死に直面したときに、その哀しみを家族の物語として表現し、伝えようとしているのだと言えます。表現の方法を一つに限定せず、いろいろな形で「哀しみの容れ物」になるような文化を伝えていくことは、さまざまな人びとが関わっていける、開かれたグリーフケアにつながっていくと考えます。

私事で恐縮ですが、グリーフケアの連続シンポジウムを終えた翌二〇一七年三月、天理大学を退職し、京都にある国際日本文化研究センターに移りました。日本文化を海外に発信し、海外の研究者と交流を深め、幅広い日本研究に寄与することを目的とした研究所です。赴任してすぐに、韓国全南大学日本文化研究センター所長の金容儀教授からのお誘いで、連続シンポジウムの成果の一部を韓国で発表する機会をいただきました。一一月初旬に行われた全南大学のシンポジウムでは、韓国のグリーフケアの現状とその背後にある死生観についても情報交換ができました。

また一一月下旬には、国際日本文化研究センターの公務で、オタゴ大学で開催されたニュージーランド・アジア学会にて基調講演をする機会を得ました。ニュージーランドを訪れるのは初めてでしたが、おかげでヘレン・ブラウンさんの故郷にご縁ができました。ニュージーランドは助産学教育が充実していて、産科医療の場で数多くの助産師が活躍しています。出産の場でのグリーフケアに関する新たな知見については、再び報告できればと思っています。

最後になりましたが、本書の刊行にむけて、ＪＳＰＳ科研費（基盤研究Ｂ「地域基幹病院と連携した出産・産後ケアの支援ネットワーク構築のための人類学的試み」(JP15H03283　代表・安井眞奈美、二〇一五〜二〇一八年度)からの助成を受けました。経済的な支援に感謝いたします。

また、本書の編集に尽力してくださった宮古敏治さん、グリーフケアの重要性を強く感じ美しい本に仕上げてくださった勉誠出版編集部の武内可夏子さん、社長の岡田林太郎さんにも心より御礼申し上げます。

本書が、身近なところで関わっていけるグリーフケアに向けて、ささやかながらも、お役に立てることを願っています。

安井　眞奈美

二〇一八年一月

執筆者紹介（掲載順）

〔編者〕

安井眞奈美（やすい　まなみ）

国際日本文化研究センター教授。博士（文学）。文化人類学、民俗学の立場から、身体、医療、怪異をテーマに研究を進めている。著書に『怪異と身体の民俗学――異界から出産と子育てを問い直す』（せりか書房、二〇一四年）、『出産環境の民俗学――〈第三次お産改革〉にむけて』（昭和堂、二〇一三年）等。

〔執筆者〕

ヘレン・ブラウン（Helen Brown）

コラムニスト、作家。ニュージーランド出身、オーストラリア・メルボルン在住。ニュージーランドの最優秀コラムニスト賞を数度受賞。一七ヶ国で翻訳されたロングセラーが、二〇一六年に日本で出版される（『クレオ――小さな猫と家族の愛の物語』服部京子訳、エイアンドエフ）。

藤澤久民枝（ふじさわ　くみえ）

天理大学、奈良女子大学大学院にて考古学を学ぶ。結婚を機に宮城に居を移し、東日本大震災を経験する。現在、子育ての傍ら、県内の遺跡から出土した考古遺物の保存処理の仕事に携わっている。

島薗　進（しまぞの　すすむ）

上智大学大学院実践宗教学研究科教授、同グリーフケア研究所所長。専門は、宗教学、近代日本宗教史、死生学。著書に『いのちを〝つくって〟もいいですか？　生命科学のジレンマを考える哲学講義』、『宗教を物語でほどく』（ともにＮＨＫ出版、二〇一六年）他多数。

鈴木岩弓（すずき　いわゆみ）

東北大学総長特命教授、同名誉教授、国際日本文化研究センター客員教授。専門は宗教民俗学、死生学。編著に『変容する死の文化――現代東アジアの葬送と墓制』（東京大学出版会、二〇一四年）等。

松岡悦子（まつおか　えつこ）

奈良女子大学研究院生活環境科学系教授。近代化が、アジアの国々のリプロダクションの形をどのように変えつつあるのかをテーマにしている。著書に『妊娠と出産の人類学』（世界思想社、二〇一四年）、編著に『子どもを産む・家族をつくる人類学』（勉誠出版、二〇一七年）等。

李　仁子（い　いんじゃ）

東北大学大学院教育学研究科准教授。専門は文化人類学。共著に『排除する社会・受容する社会』（吉川弘文館、二〇〇七年）、共編著に『はじまりとしてのフィールドワーク』（昭和堂、二〇〇八年）、「被災地での外国人の支援活動」（『日本批評』ソウル大学日本研究所、二〇一三年）。

波平恵美子（なみひら　えみこ）

お茶の水女子大学名誉教授。専門は医療人類学。著書に『いのちの文化人類学』（新潮社、一九九六年）、『日本人の死のかたち』（朝日新聞社、二〇〇四年）、（『いのちってなんだろう――一〇歳からの生きる力をさがす旅』出窓社、二〇〇七年）他多数。

澤井奈保子（さわい　なおこ）

天理大学文学部考古学・民俗学専攻卒業。仕事の傍ら、奈良県吉野郡十津川村にて、暮らしの変化について聞き取りを続けている。成果の一部は、「十津川村に国道一六八号線が通って」（『古事』一九、二〇一五年）にまとめた。

佐藤由佳（さとう　ゆか）

二〇〇〇年、四〇週一日の時、常位胎盤早期剥離で第二子、長男の右京を死産。二〇〇二年、流産・死産・新生児の子どもを亡くした家族の会「Withゆう」を立ち上げ、宮城を中心に活動を行っている。

鈴木由利子（すずき　ゆりこ）

専門は日本民俗学。自宅分娩時代の聞き書きを行うとともに、「子どもの死」をテーマに胎児観、生命観、霊魂観に関する研究を行っている。近年は、水子供養に関するフィールドワークを実施している。

遠藤誠之（えんどう　まさゆき）

大阪大学医学部産婦人科講師、産婦人科医。専門は胎児診断・胎児治療、骨盤臓器脱治療。大阪大学医学部附属病院胎児診断治療センター内に、妊娠中絶を選択する妊婦・家族のためのグリーフケアチームを立ち上げ、心と身体をサポートしている。

堀内みどり（ほりうち　みどり）

天理大学おやさと研究所教授。天理大学、龍谷大学を経て、インド政府招聘留学生としてベナレス・ヒンドゥー大学で学ぶ。博士（哲学）。専門は宗教学、現代ヒンドゥー教、天理教学。宗教の女性への関わり、現代における宗教の動向に関心がある。

鳥巣佳子（とりす　けいこ）

天理大学人間学部准教授。専門は社会福祉学。現職着任までソーシャルワーカー（社会福祉士・精神保健福祉士）として病院で患者家族を支援してきた。現在は、周産期の妊婦家族のソーシャルワーク研究を進めている。

中本剛二（なかもと　ごうじ）

大阪薬科大学、天理大学ほか非常勤講師。専門は文化人類学（医療人類学）、民俗学。医療従事者や病者へのインタビュー、病院やボランティア活動などのフィールドワークを通じて、立場の異なる人をつなぐ研究を目指している。

【編者紹介】

安井眞奈美（やすい　まなみ）

京都市生まれ。国際日本文化研究センター教授。博士（文学）。

大阪大学文学部日本学科卒業、同大学院文学研究科日本学専攻博士課程修了。専門は文化人類学、民俗学。

著書に『出産環境の民俗学――〈第三次お産革命〉にむけて』（昭和堂、2013年）、『怪異と身体の民俗学――異界から出産と子育てを問い直す』（せりか書房、2014年）。編著に『産む・育てる・伝える――昔のお産・異文化のお産に学ぶ』（風響社、2009年）、『出産・育児の近代――「奈良県風俗誌」を読む』（法蔵館、2011年）、『出産の民俗学・文化人類学』（勉誠出版、2014年）等。

グリーフケアを身近《みぢか》に
大切な子どもを失った哀しみを抱いて

2018年2月20日　初版発行

編　者　安井眞奈美

発行者　池嶋洋次
発行所　勉誠出版株式会社
〒101-0051　東京都千代田区神田神保町3-10-2
TEL：(03)5215-9021(代)　FAX：(03)5215-9025
〈出版詳細情報〉http://bensei.jp

印刷・製本　中央精版印刷株式会社
組　　　版　トム・プライズ
© YASUI Manami 2018, Printed in Japan
ISBN978-4-585-21043-6　C0011

本書の無断複写・複製・転載を禁じます。
乱丁・落丁本はお取り替えいたしますので、ご面倒ですが
小社までお送りください。送料は小社が負担いたします。